Martin Menzel

Konzeption und Prototyp der Benutzerunterstützung in
tionssystemen

Martin Menzel

Konzeption und Prototyp der Benutzerunterstützung in hypermedialen Informationssystemen

Diplom.de

Bibliografische Information der Deutschen Nationalbibliothek:

Bibliografische Information der Deutschen Nationalbibliothek: Die Deutsche Bibliothek verzeichnet diese Publikation in der Deutschen Nationalbibliografie; detaillierte bibliografische Daten sind im Internet über http://dnb.d-nb.de/ abrufbar.

Copyright © 1996 Diplomica Verlag GmbH
Druck und Bindung: Books on Demand GmbH, Norderstedt Germany
ISBN: 978-3-8386-3997-0

http://www.diplom.de/e-book/219633/konzeption-und-prototyp-der-benutzerun-terstuetzung-in-hypermedialen-informationssystemen

Martin Menzel

Konzeption und Prototyp der Benutzerunterstützung in hypermedialen Informationssystemen

Diplomarbeit
an der Bayerischen Julius-Maximilians-Universität Würzburg
Fachbereich Wirtschaftswissenschaften
Lehrstuhl für Betriebswirtschaftslehre und Wirtschaftsinformatik, Prof.
Dr. Rainer Thome
März 1996 Abgabe

Diplom.de

Diplomica GmbH
Hermannstal 119k
22119 Hamburg

Fon: 040 / 655 99 20
Fax: 040 / 655 99 222

agentur@diplom.de
www.diplom.de

ID 3997
Menzel, Martin: Konzeption und Prototyp der Benutzerunterstützung in hypermedialen
Informationssystemen
Hamburg: Diplomica GmbH, 2001
Zugl.: Würzburg, Universität, Diplomarbeit, 1996

Diplomica GmbH
http://www.diplom.de, Hamburg 2001
Printed in Germany

Inhaltsverzeichnis

Inhaltsverzeichnis

1 Einleitung

Die zu Beginn des Computerzeitalters bestehende Beschränkung der Datenverarbeitung auf reine Massendaten vornehmlich in Versicherungsunternehmen und Behörden wurde mit Einführung des Personal Computers als persönlicher digitaler Assistent auf betriebliche und private Bereiche ausgedehnt. Mittlerweile drängt die Informationsverarbeitung in fast alle Lebensbereiche, von der betrieblichen Datenverarbeitung bis hin zum digitalen Telefonieren, Fernsehen und Einkaufen.

Die schnelle Verbreitung der Informationstechnik führt dazu, daß in immer kürzeren Zyklen immer mehr Menschen neue Systeme erlernen und bedienen müssen. Dazu ist jedoch nicht nur mehr Wissen über die neuen und komplexen Systeme und ihre Bedienung nötig, sondern auch Hintergrundwissen über die Aufgabenstellungen, die von diesen Systemen unterstützt werden sollen.

Eine besondere Bedeutung kommt Informationssystemen und dabei speziell den Lehr-/Lernsystemen zu, da sie versuchen, auf dem Arbeitsmittel Computer die nötige Wissensbasis für die Neuerungen zu schaffen, indem sie die Informationen in sinnvoller Art aufbereiten und dem Benutzer in verschiedener Form darbieten.

Da die Gruppe der potentiellen Benutzer jedoch heterogen beschaffen ist, sollten sich die Systeme dabei an die Wünsche des Benutzers anpassen können. Muß sich der Benutzer erst umständlich in ein System einarbeiten und seinen Lernstil einem System anpassen, kann dies zu einer Ablehnung führen [DAVI93, S. 475]. Dem idealen System sollte es somit möglich sein, sich auf alle Wünsche, Anforderungen und Intentionen des Benutzers einzustellen.

Bei Informationssystemen und Lehr-/Lernsystemen liegt eine weitere Besonderheit vor. Sie müssen sich nicht nur mit der Adaptionsfähigkeit auf Ebene der Systemfunktionen und der Benutzungsoberfläche mit anderen Anwendungen messen lassen, sie haben auch eine Anpassung an unterschiedliche Lernstile der Benutzer und damit verbunden, eine Berücksichtigung der Darstellungspräferenzen der Benutzer zu bewältigen.

Es wird folgend ein Konzept als Maßnahme der Benutzerunterstützung vorgestellt, welches einerseits die Auswahlmöglichkeiten des Benutzers in bezug auf den fachlichen Inhalt berücksichtigt und andererseits eine anpaßbare Benutzungsoberfläche vorstellt. Der Schwerpunkt wurde dabei auf die qualitativen Auswahlmöglichkeiten und Hilfen des Systems bei der Stoffauswahl gelegt.

Die Darstellung der theoretischen Grundlagen umfaßt die menschlichen Interaktionsformen und -techniken mit dem Medium Computer (zweites Kapitel) und die Konzeption von Informationssystemen (drittes Kapitel). Benutzermodelle als mögliche Hilfen bei
der Benutzerunterstützung werden ausführlich im vierten Kapitel behandelt. Die Umsetzung der theoretische Fundierung erfolgt mit der Bildung eines Konzeptes zur Benutzerunterstützung (fünftes Kapitel), setzt sich dann in der Beschreibung des Prototypens
fort (sechstes Kapitel) und geht anschließend auf Probleme ein, die sich bei der Kon-
zeptbildung und Programmierung des Prototypens ergaben (siebentes Kapitel). Um
nicht auf dem beschriebenen Stand zu verbleiben, wird im achten Kapitel ein Ausblick
auf Unterstützungswerkzeuge gegeben, die im Rahmen dieser Arbeit nicht umgesetzt
werden konnten, weil keine ausreichenden Inhalte zur Verfügung stehen und erst nach
Abschluß der Entwicklung eines Autorensystems und die damit verbundene Erweiterung des DESIH-Datenmodells (*Datenmodell Einer Stücklistenorientierten Integration
von Hypermediainformationen*) abgewartet werden muß.

Der Anhang A umfaßt sämtliche Bildschirmkopien im Text als Farbausdruck. Daneben
werden zusätzliche Grafiken, Relationen und das Datenmodell des Systems dargestellt.

Im Laufe der Bearbeitungszeit ergab sich eine Zweiteilung des Prototypens, da die
Werkzeuge zur Benutzerunterstützung getrennt von denen des Systems ablaufen müs-
sen. Der Prototyp sowie die zugehörigen Dateien befinden sich auf einer CD-ROM im
Anhang B.

Im Anhang C befinden sich, nach Büchern geordnet, die Bücherscripten des Prototypens
zum vertiefenden Einblick.

2 Grundlagen der Mensch-Computer-Interaktion

Die schnelle Entwicklung von technischen Systemen führte zu einer Diskrepanz zwischen menschlichem Anpassungsvermögen und technischen Möglichkeiten [HOLL91, S. 165f.].

Neue Systeme bestimmen im zunehmenden Maße die unmittelbaren Arbeitsbedingungen des Menschen. Dabei muß sich der Mensch i. d. R. den vom Entwickler vorgegebenen Bedingungen der Systeme anpassen. Da diese Bedingungen oftmals nicht dem individuellen Arbeitsverhalten entsprechen, können die Systeme vom Benutzer nicht effizient zur Aufgabenlösung eingesetzt werden. Sie führen zur Einschränkung menschlicher und technischer Leistungsfähigkeit [FRES89, S. 17].

Wurde bisher das gegebene Arbeitsumfeld als Datum hingenommen, so steht bei der Entwicklung und Gestaltung heutiger Computersysteme stets das Bestreben der Anpassung des Arbeitsumfeldes und der angebotenen Werkzeuge an die Bedürfnisse und Fähigkeiten des Nutzers im Vordergrund. Welche Parameter dabei berücksichtigt werden müssen, wird von unterschiedlichen wissenschaftlichen Disziplinen und dabei vor allem von den Arbeitswissenschaften erforscht.

Die Arbeitswissenschaften im allgemeinen und die Ergonomie im besonderen umfassen, nach den griechischen Begriffen *ergon* (Arbeit, Kraft, Leistung) und *nomon* (Gesetz, Gewohnheit, Regel), die Gesetzmäßigkeiten und Gewohnheiten der menschlichen Arbeit und Leistung. Die Ergonomie „(...) befaßt sich mit der Erforschung der Eigenschaften und Fähigkeiten des Menschen zur Erfüllung von Arbeitsaufgaben sowie mit der Gestaltung menschengerechter Arbeitsplätze, -mittel, -umgebung, -aufgaben und -abläufen" [STAR94, S. 28].

Im Bereich von Computerarbeitsplätzen gliedert sich die Ergonomie in Hardware-Ergonomie und Software-Ergonomie. Zusätzlich führte TAUBER den Begriff der Kognitiven Ergonomie ein [TAUB85, S. 293].

Die *Hardware-Ergonomie* untersucht die benutzergerechte Gestaltung von Hardware-Bestandteilen eines Computersystems [HOLL91, S. 161], während die Software-Ergonomie versucht, Erkenntnisse über eine benutzergerechte Gestaltung der Mensch-Computer-Interaktion zu gewinnen. Dabei werden multidisziplinär Erkenntnisse aus den wissenschaftlichen Bereichen Medizin, Biologie, Psychologie, Linguistik, Anthropologie und Soziologie mit den Anforderungen der Ergonomie gekoppelt [MAAS93, S. 192], um dem Ziel der „(...) Entwicklung und Gestaltung gut benutzbarer Computersysteme als intellektuelle Werkzeuge und [der] Verbesserung von Benutzungsschnitt-stellen oder Benutzungsoberflächen (...)" [WAND 93, S. 1] näher zu kommen.

Zur Konkretisierung des Ziels dienen folgende Aspekte [EBER94, S. 1]:

- *Menschengerechte Gestaltung*: Berücksichtigung von Kenntnissen über Wahrnehmen, Denken, Problemlösen, Lernen, Kommunikation und Kooperation, um Verhalten und Bedürfnissen gerecht zu werden.

- *Aufgabenangemessene Gestaltung*: Berücksichtigung der Aufgaben und Zielvorstellungen der Benutzer, um sie bei der Problemlösung zu unterstützen.

- *Technikbewußte Gestaltung*: Einsatz aller verfügbaren, ökonomisch und ökologisch sinnvollen, technischen Möglichkeiten zur Benutzerunterstützung.

- *Organisationsgerechte Gestaltung*: Berücksichtigung der organisatorischen Belange der Benutzer im Hinblick auf die fortschreitende Vernetzung der Arbeit.

Der Begriff der *Kognitiven Ergonomie* umfaßt das Bestreben „(...) Prinzipien für die Gestaltung von Mensch-Rechner-Systemen zu entwickeln, wobei die für menschliche kognitive Prozesse bedeutsamen Systemparameter zu analysieren, zu modellieren, experimentell zu untersuchen und zu bewerten sind" [TAUB85, S. 293]. Es wird versucht, Erkenntnisse der Kognitionspsychologie zur Benutzerunterstützung in Software einzusetzen, dabei bestehen jedoch unterschiedliche Auffassungen über die inhaltliche Bedeutung des Begriffs [AREN90, S. 9f.].

2.1 Mensch-Computer-Kommunikation oder Mensch-Computer-Interaktion?

Die Begriffe Mensch-Computer-Kommunikation und Mensch-Computer-Interaktion erscheinen oberflächlich als Synonyme, weisen im Detail jedoch Unterschiede auf.

Ein Dialog im zwischenmenschlichen Sinne wurde durch die wechselseitige textuelle Ein- und Ausgabe bei Computersystemen der frühen Jahre suggeriert [RIEK93, S. 9]. Als Umschreibung für den Dialog prägte sich der Ausdruck Mensch-Computer-Kommunikation als einzig sinnvolle Sichtweise der Mensch-Computer-Interaktion ein [OBER94, S. 101].

Kommunikation kann im Bereich der Mensch-Computer-Kommunikation als koordiniertes symbolisches Handeln mehrerer Beteiligter, unter Zuhilfenahme eines Mediums, umschrieben werden. Sie unterliegt bestimmten Zielsetzungen und Erwartungen der Beteiligten, setzt vergleichbare Verstehensgrundlagen voraus, unterliegt dem Bestreben nach ökonomischem Verhalten und kann sich auf die Kommunikation selbst beziehen (*Metakommunikation*) [KUPK82, S. 219f.].

Kommunikation kann nach der Art der Verteilung der Kommunikationsinitiative in passive, aktive und interaktive unterschieden werden. Damit wird gleichzeitig die Nutzungsform beschrieben, da diese direkt von der Kommunikationsform abhängig ist [KUPK82, S. 213; BODE92, S. 233; RIEK93, S. 9].

Passive Nutzung läßt den Computer nur auf Aktionen des Anwenders reagieren. Das System wartet, bis der Benutzer Anweisungen eingibt. Die Kommunikationsinitiative liegt einzig beim Benutzer, das System seinerseits wird nicht aktiv.

Aktive Nutzung hingegen läßt den Benutzer auf Aktionen des Computers nur reagieren. Das System führt den Benutzer durch sein Informations- und Funktionsangebot. Dies ermöglicht dem Benutzer im Extremfall nur Reaktionen, ohne daß er Systemaktionen auslösen oder den Ablauf entscheidend beeinflussen könnte.

Eine Synthese beider Formen stellt die *Interaktive* Nutzung dar. Der Benutzer koordiniert und kontrolliert ständig den Daten- und Aktionsfluß des Systems, wobei ihn das System aktiv mit den nötigen Informationen versorgt [KUPK82, S. 213].

Durch die Entwicklung neuer Ein- und Ausgabegeräte setzten sich allerdings neue Formen durch, die nicht mehr als Kommunikation in Form eines Mensch-Computer-Dialoges beschrieben werden können. So nutzt bspw. die Maus, anstelle von Befehlen, besondere Zeigemarken oder Symbole zur Interaktion. Hochauflösende Monitore ermöglichen Formular- und Maskendialoge, um Systemzustände strukturiert auszugeben oder erwartete Eingaben abzurufen (vgl. 2.4.1 Visuelle Ein- und Ausgabeelemente).

Die herrschende Sichtweise der Kommunikation - textueller Dialog mittels Tastatur und Monitor bzw. Drucker - wurde durch die Werkzeugperspektive abgelöst. Dabei widersprechen sich beide Perspektiven nicht, stellen sie doch zwei Grundmodalitäten menschlichen Handelns dar [HUTC85, S. 319; OBER94, S. 102].

Eine Erweiterung erfuhr die Werkzeugperspektive durch die Entwicklung von Hypersystemen und Virtual Reality.

Hypersysteme bieten dem Benutzer Darstellungen hochvernetzter Informationsstrukturen. Die zunächst auf Texte beschränkte Darstellung wurde durch die Vernetzung aller verfügbaren Medientypen zu Hypermedia-Systemen erweitert [THOM90, H 18.4, S. 1; MAAS93, S. 193].

Virtual Reality umschreibt den Umgang mit vom Computer erzeugten Objekten der realen Umgebung. Der Benutzer kann mit speziellen Interaktionen die Objekte manipulieren und so Folgen seines Handelns erkennen, ohne den Gegenstand physisch zu verändern [STAR94, S. 154f.].

Auf Benutzerseite können grundsätzlich sämtliche verfügbaren Sinne und Bewegungen Grundlage zur Interaktion sein. Dem stehen auf Computerseite bisher nur eingeschränkt entsprechende Ein-/Ausgabeelemente gegenüber. Sämtliche Interaktionsformen im Gestaltungsraum der Mensch-Computer-Interaktion beschreibt Anhang A, Abbildung 1.

Durch die Entwicklung neuer Interaktionsformen und neuer Ein-/Ausgabeelemente wurde der bisher betrachtete Teilausschnitt der Mensch-Computer-Interaktion, die Mensch-Maschine-Kommunikation, vergrößert. Meines Erachtens ist es daher angemessen, jegliche Kommunikation mit einem Rechnersystem als Mensch-Computer-Interaktion zu bezeichnen.

2.2 Modelle der Mensch-Computer-Interaktion

Die Abhängigkeiten der verschiedenen Komponenten einer Mensch-Maschine-Interaktion werden in Modellen dargestellt (Abbildung 2-1).

Im Modell der International Federation for Information Processing (*IFIP-Modell*) für interaktive Systeme werden im Computersystem selbst die Komponenten Steuerung, Ein-/Ausgabe und Anwendung identifiziert. Zwischen diesen Komponenten existiert jeweils eine Verbindung (*Schnittstelle*). Das Computersystem selbst besitzt eine Schnittstelle zum Benutzer und zur ihn umgebenden Organisation sowie eine Schnittstelle zwischen Benutzer und Organisation.

Das *ABC-Modell* [FRES89, S. 101] führt, neben Benutzer und Computersystem, den Aspekt der Aufgaben ein und fordert ein aufgabenangemessenes Design der Schnittstelle. Hier wird jedoch trotz der fortschreitenden Vernetzung und Gruppenarbeit der Aspekt der Organisation vernachlässigt.

In der *Leavitt-Raute* wird dem Integrationsgedanken Rechnung getragen und das ABC-Modell in Bezug auf den Organisationsaspekt erweitert [OBER91, S. 10f.].

Der Benutzer als Teil eines umfassenden interaktiven Systems besitzt darüber hinaus Wissen über sich selbst, seine Umgebung, das Arbeitsmittel Computer, seine zu lösenden Aufgaben und die dazwischen existierenden Beziehungen. Dieses Wissen ist „(...) die Basis für die Handlungsplanung des Benutzers vor der und die Situationsanalyse nach der Handlungsausführung" [OBER94, S. 97] und existiert in einem *mentalen Modell* (vgl. 4.1 Ausgangspunkt mentales Modell).

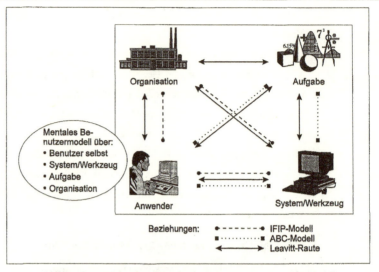

Abbildung 2-1: Modelle der Mensch-Computer-Interaktion und mentales Modell,
in Anlehnung an [OBER94, S. 96]

2.3 Benutzungsschnittstelle und Benutzungsoberfläche

2.3.1 Benutzungsschnittstelle

Benutzungsschnittstellen umfassen sämtliche Aspekte und Komponenten eines Mensch-Computer-Systems, mit denen der Benutzer begrifflich, über seine Sinne oder Motorik mit dem Computer in Verbindung tritt [MORA81, S. 5]. Dazu zählen das werkzeug- und aufgabenunabhängige Wissen, das begriffliche Wissen und das mentale Modell vom Computersystem sowie die kognitiven und sensumotorischen Fähigkeiten zur Benutzung des Computersystems [WAND93, S. 2].

Der Begriff Benutzungsschnittstelle umfaßt nicht nur alle Faktoren und Einflüsse, die einen Benutzer befähigen das System zu nutzen, sondern bezieht die Umweltsituation, in der sich Benutzer und Computersystem befinden, mit ein [MORA81, S. 5f.].

2.3.2 Benutzungsoberfläche

Benutzungsoberflächen umfassen „(...) alle Einheiten, Formen und Techniken, durch die Benutzer mit dem Computersystem kommunizieren" [WAND93, S. 4].

Die Gestaltung dieses Segmentes beeinflußt direkt das Problemlösungsverhalten des Benutzers und stellt so die Benutzbarkeit des Systems dar. Benutzbarkeit, im Sinne von

Benutzungsfreundlichkeit, zählt inzwischen zu den wichtigsten Qualitätsanforderungen an Software und ist für den Kunden wesentliche Entscheidungsgrundlage für deren Erwerb und Einsatz [FEHR93, S. 91].

Der benutzergerechten Gestaltung von Benutzungsoberflächen sollen folgende Anforderungen entsprechen [SCHN93, S. 62 f.]:

- Graphische Darstellung von Informationen und Bedienelementen,
- keine künstliche Trennung von Anzeige- und Bedienelementen,
- objektorientierte, direkt-manipulative Interaktion,
- Fähigkeit zur multimodalen Ein- und Ausgabe,
- klare Trennung von Benutzungsoberfläche und Anwendung,
- Unterstützung verteilter Anwendungen,
- Standardkonformität,
- Echtzeit-Unterstützung,
- Verfügbarkeit von Entwurfsmechanismen über den Entwurfszeitpunkt hinaus und
- Adaptionsfähigkeit (*Anpassungsfähigkeit*) der Benutzungsoberfläche.

Eine Benutzungsoberfläche ist folglich nur ein Teilausschnitt der Benutzungsschnittstelle, da sie von den heute verfügbaren Interaktionstechniken und den damit verbundenen Ein- und Ausgabeelementen abhängig ist.

2.4 *Interaktionsmöglichkeiten zwischen Mensch und Computer*

Interaktionen dienen dem Informationsaustausch zwischen Mensch und Computer. Informationen stellen Nachrichten dar, die beim Empfänger eine Veränderung des bisherigen Zustandes auslösen [THOM90, A 2, S. 18].

Es kann eine Aufteilung in zeitunabhängige Informationen wie Text, Graphik oder Bild, und zeitabhängige Informationen wie Ton, Animation und Video vorgenommen werden. Zeitabhängige Informationen können zudem eine Mischform aus visuellen und akustischen Informationsformen darstellen, da sie oftmals neben der visuellen auch eine akustische Komponente besitzen [STAR94, S. 66f.].

Im folgenden werden heute bekannte Ein- und Ausgabeelemente kurz vorgestellt.

2.4.1 Visuelle Ein- und Ausgabeelemente

Die visuelle Eingabe erfolgt mittels Tastatur, Maus, Scanner, Lichtgriffel etc., wobei die Eingaben meist direkt auf dem Bildschirm sichtbar werden.

Ein Benutzer gewinnt aus der Anordnung von Bildpunkten (*Pixel*) auf dem Ausgabegerät Monitor Informationen durch Interpretation und Assoziation der Abbildung mit vorhandenem Wissen [STAR94, S. 66]. Dabei kann eine Aufteilung der Abbildungen in unterschiedliche Gruppen vorgenommen werden.

Text wird definiert als bedeutungstragende Anordnung von (alphanumerischen) Zeichen, die in visueller Form von Menschen oder Maschinen reproduziert werden können [STAR94, S. 66]. Die Aufnahme und Lesbarkeit von Text wird einerseits durch technische Aspekte wie Bildschirmauflösung, -helligkeit, -schärfe, -kontrast und andererseits durch strukturelle Aspekte wie Schriftgröße, -art, -farbe oder Anordnung in Zeilen und Spalten beeinflußt.

Graphische Informationen sind solche, die in Form von Diagrammen, Graphen oder Zeichnungen Informationen abbilden. Sie sind durch Kombination von alphanumerischen mit nicht alphanumerischen Zeichen gekennzeichnet [STAR94, S. 67].

Bilder in zwei- oder dreidimensionaler Form stellen in computergerechter Art Abbilder real erfaßbarer Gegenstände dar. Ikonendarstellungen (*icons*) werden als Metaphern bei graphischen Benutzungsoberflächen eingesetzt, um bestimmte Funktionen oder Funktionsabläufe zu beschreiben.

Die Kombinationen aus Text, Graphik und Bild erlauben eine 2D-, 2½D-, und 3D-Darstellung von Informationen.

Durch eine *zweidimensionale* Anordnung von visuellen Informationen kann eine Ordnung, Sortierung oder Hervorhebung bestimmter Beziehungen zwischen Informationen erreicht werden. Der Einsatz von Farben, Mustern und bestimmten Formen verstärkt oder reduziert die Beziehungen zwischen den Informationen.

Eine *2½D*-Darstellung wird durch eine Überlappung oder Überlagerung innerhalb einer Hierarchie zweidimensionaler Objekte erreicht [OBER94, S. 110]. Hierdurch werden einzelne Informationen oder Informationsgruppen bestimmten Prozessen zugeordnet; beispielhaft sei hier die Fenster- (*window-*) Technik genannt (Abbildung 2-2).

Dreidimensionale Darstellungen versuchen, auf dem zweidimensionalen Ausgabegerät Bildschirm die räumlichen Tiefe zu simulieren, um dem Benutzer das Erkennen realer Gegenstände aus seiner Umwelt zu erleichtern (Abbildung 2-3).

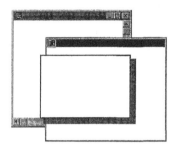

Abbildung 2-3: 3D-Objekt:
direkt manipulative Skala

Abbildung 2-2: 2½D-Objekt:
überlappende Fenster

Visuelle Informationen werden ebenfalls für die Darstellung dynamischer Daten- und Prozeßveränderungen genutzt und erlauben dem Benutzer häufig Eingriffe in den Ablauf (Abbildung 2-4).

Abbildung 2-4: 2D-Objekt:
Prozeß mit Eingriffsmöglichkeit

2.4.2 Akustische Ein- und Ausgabeelemente

Formen akustischer Eingabeelemente befinden sich heute noch nicht in Marktreife. Am Markt erhältliche Systeme unterstützen lediglich rudimentär die Befehlseingabe. Die akustische Eingabe erfolgt mittels Mikrophon, mit dem die Anwendungssteuerung übernommen wird oder Text in Form eines Diktates vom Computersystem in Text umgesetzt werden kann.

Klänge (Geräusche, Musik) können mit entsprechenden Ausgabegeräten, ebenso wie Ikonendarstellungen, Symbolcharakter haben (*earcons*). Sie sollen beim Benutzer Aufmerksamkeit erregen und werden häufig bei System- oder Fehlermeldungen eingesetzt [STAR94, S. 70]. Sie können dem Benutzer aber auch Entspannung bieten, indem einzelne Melodien oder komplette Musikstücke erzeugt werden.

Die Ausgabeform *Sprache* erlaubt es, beliebige Texte hörbar auszugeben. Sie bietet Benutzern mit eingeschränktem visuellen Wahrnehmungsvermögen eine Alternative zu rein visuellen Informationen auf dem Monitor an.

2.4.3 Visuell-akustische Ein- und Ausgabeelemente

Zeitabhängige Informationen, wie Animation und Video, nutzen visuelle und oftmals gleichzeitig akustische Ausgabeelemente und stellen so Mischformen von zeitabhängigen und zeitunabhängigen Informationen dar.

Unter *Animationen* sind Bildabläufe zu verstehen, die in einer bestimmten Reihenfolge zeitabhängig verschiedene Bilder projizieren. Im Unterschied zu Videos enthalten Animationen häufig gemalte oder gezeichnete Bildsequenzen. Sie können als Trickfilme bezeichnet werden.

Videos sind ebenfalls zeitabhängige Bildfolgen, die Inhalte ihrer Bilder sind hingegen überwiegend Abbilder der realen Umwelt.

Die Grenzen beider Kategorien verschwimmen zusehends, so daß teilweise eine Unterscheidung zwischen Animation und Video nicht mehr möglich ist.

Die visuell-akustische Ausgabe erfolgt mittels der üblichen Hardware kombiniert auf Bildschirm und über Lautsprecher.

Die visuell-akustische Eingabe ist noch nicht realisiert, lediglich die Videokamera wird bei Videokonferenzen eingesetzt. Dabei fungiert sie als Bildlieferant für den jeweiligen Kommunikationspartner. Als Steuerungselement, bspw. für Anwendungsprogramme, ist sie bisher nicht einsetzbar [STAR94, S. 72].

2.4.4 Haptische Ein- und Ausgabeelemente

Haptische Ein- und Ausgabeelemente versuchen, direkt fühlbare Interaktionen zu erzeugen. So wird im Bereich von Virtual Reality eine direkt fühlbare Ein- und Ausgabe durch kinästhetische Feedbacks erzeugt. Obwohl die Entwicklung in den letzten Jahren schnell vorangeschritten ist, läßt die Verbreitung noch auf sich warten.

Zur Zeit ist die haptische Ein- und Ausgabe zur Unterstützung behinderter Benutzer bis zur Marktreife entwickelt worden. Für visuell eingeschränkte Nutzer erzeugen bspw. spezielle Ausgabetableaus und Drucker haptisch lesbare Textdarstellungen [KIEF95, S. 84]. Umgekehrt ersetzen Tastaturen in Braille-Schrift herkömmliche Tastaturen.

2.5 Interaktionstechniken

Auf Grundlage der bisher entwickelten Ein- und Ausgabeelemente wird bei den heute vorherrschenden Computersystemen weitestgehend mit visuellen Elementen gearbeitet. Diese technische Einschränkung läßt daher nur bestimmte Interaktionstechniken zu. Eine Interaktionstechnik sei definiert als „(...) a collection of interface objects and associated techniques from which an interaction designer can choose when designing the user interaction component of an interface" [HIX93, S. 57].

Zu Interaktionstechniken zählen Kommandosprachen, Formulare und Masken, Menüs und direkte Manipulation. Sie werden im folgenden kurz vorgestellt.

2.5.1 Kommandosprachen

Kommandosprachen bieten lediglich einen eingeschränkten Satz von Eingabekommandos zur Interaktion an. Die im System verwendeten Befehle, die Befehlssyntax sowie Befehlskombinationen müssen vom angehenden Benutzer erst erlernt werden, um mit dem System interagieren zu können. Da kommandoorientierte Umgebungen meist nur sehr eingeschränkt Hilfen zur Verfügung stellen, muß der Benutzer die Befehlssyntax und die möglichen Befehlskombinationen aktiv im Gedächtnis vorhalten. Auch zum Erlernen der Befehlssyntax sind aktiv ausgelöste Kommandos zu benutzen, die der Benutzer ebenfalls kennen muß.

Die Nutzung einer graphischen Benutzungsoberfläche im Prototypen und die Beschränkung der Kommandos auf textuelle Darstellung schränken die Verwendung in interaktiven Lehr-/Lernsystemen ein. Weitere Aspekte von Kommandosprachen werden daher nicht erörtert. Einen vertiefenden Überblick über die Vor- und Nachteile von Kommandosprachen in bezug auf interaktive Systeme bietet STARY [STAR94, S. 107f.].

2.5.2 Formulare und Masken

Masken und Formulare bilden eine inzwischen bewährte Art der zweidimensionalen Informationserfassung und -darstellung [OBER94, S. 130].

Masken sind segmentierte Bildschirmausschnitte, die die strukturierte Eingabe von Daten unterstützen [STAR94, S. 113]. Sie bedecken regelmäßig große Bereiche des Bildschirms und teilen die Arbeitsfläche in einen Kennzeichnungs-, Arbeits-, Steuerungs- und Meldebereich.

Stellt der *Kennzeichnungsbereich* Informationen über die gerade genutzte Anwendung zur Verfügung, so beinhaltet der *Steuerungsbereich* Sichten auf den Zustand des gesamten Computersystems während der *Meldebereich* Informationen über den Zustand des Anwendungssystems bereithält. Im *Arbeitsbereich* führt der Benutzer seine erforderlichen Eingaben durch. Diese Aufteilung findet heute in vielen modernen Anwendungen und Betriebssystemen, welche die Fenstertechnik unterstützen, Verwendung.

Ebenso erlauben *Formulare* die strukturierte Dateneingabe; sie unterscheiden sich jedoch von Masken dadurch, daß sie nur einen (kleinen) Teil des Bildschirms belegen. Formulare werden ebenfalls in Fensterform dargestellt.

Die Abgrenzung von Masken und Formularen gestaltet sich in modernen Dialogsystemen schwierig, da die Formen und Ausgestaltungen fließend sind. Eine synonyme Benutzung beider Begriffe scheint daher angebracht.

2.5.3 Menüs

Eine weitere Interaktionstechnik stellen Menüs dar, bei der der Benutzer aus einer vorgegebenen Liste alternative Funktionen auswählen kann [ZEID92, S. 69]. Eine explizite Eingabe der angebotenen Funktionen bspw. mittels Tastatur ist oft nicht möglich. Damit jedoch Benutzer ohne Maus ebenfalls Systeme mit Menüstrukturen verwenden können, können Menüaufrufe oftmals durch Tastenkombinationen (*short-cuts*) ausgelöst werden. Menüs werden mit Zeigegeräten entweder durch Betätigen von deren Tasten oder durch das einfache Berühren geöffnet. Das Aktivieren der einzelnen Menüpunkte erfolgt über sensitive Zonen (*Initialfelder*) innerhalb der Menüs. Nach Auswahl des Menüpunktes wird das Menü i. d. R. automatisch geschlossen.

Es werden PullDown-Menü, PopUp-Menü, DropDown-Menü, stehendes Menü, Tearoff-Menü, Optionsmenü und als Sonderform Knöpfe (*buttons*) unterschieden [ZEID92, S. 69-72].

PullDown- und *PopUp*-Menüs unterscheiden sich nur in der Art ihrer Plazierung. Beide Menüarten blenden sich nach ihrer Aktivierung über den aktiven Bildschirmausschnitt. PullDown-Menüs haben ihren Platz häufig in Oberzeilen (*Menüleisten*) von Masken oder Formularen (Abbildung 2-5). PopUp-Menüs dagegen sind oftmals vom Objekt abhängig, auf denen die menüauslösende Tätigkeit durchgeführt wird. Sie besitzen keine in Menüleisten angeordneten Initialfelder zum Auslösen, ihre sensitive Zone ist das ihnen zugeordnete Objekt. Innerhalb des Menüs selbst sind alternative Initialfelder vorhanden. Sie werden häufig als Kontextmenüs bezeichnet (Abbildung 2-6).

Als *DropDown*-Menüs (*Menükaskaden*) werden Untermenüs mit zugehörigen Obermenüs bezeichnet. Ein Menüpunkt kann noch weitere Alternativpunkte beinhalten, die durch das Betätigen eines Schlüsselwortes innerhalb des (Ober-) Menüs aktiviert werden können. Die Darstellung der Alternativen erfolgt meist rechts oder links neben dem ausgewählten Menüpunkt, so daß sich bei tiefer Anordnung das Bild einer Kaskade ergibt (Abbildung 2-7). Eine Sonderform von PullDown-Menüs stellen DropDown-Menüs dann dar, wenn sie durch das bloße Berühren des Initialfeldes aufklappen.

Stehende Menüs sind Menüs, die der Benutzer geöffnet lassen kann, um auf häufig benutzte Funktionen - ohne mehrmaliges Öffnen des Menüs - zugreifen zu können. Eine verbreitete Art von stehenden Menüs stellen *Paletten* dar (Abbildung 2-8).

Tear-off-Menüs stellen regelmäßig PullDown-Menüs dar. Sie können jedoch, wie bspw. bei HyperCard™, von der Menüleiste „abgerissen" und beliebig auf dem Bildschirm positioniert werden. Der Benutzer umgeht, ebenso wie bei stehenden Menüs, das Aktivieren eines häufig benötigten Werkzeuges (*tool*). Tear-off-Menüs sind stehenden Menüs vorzuziehen, da der Standort des Menüs auf dem Bildschirm an die Benutzerwünsche angepaßt werden kann. Sie werden jedoch bisher nur von wenigen Programmen unterstützt.

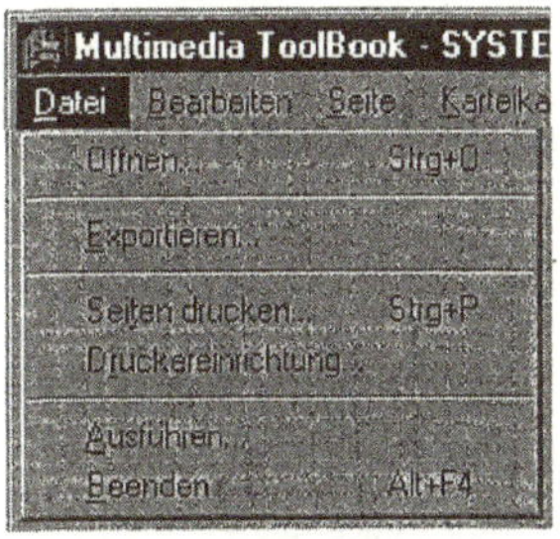

Abbildung 2-5: PullDown-Menü

Abbildung 2-6: Kontextmenü

Abbildung 2-7: Menükaskade

Abbildung 2-8:
Palette

Optionsmenüs zeigen in Initialfeldern die zuletzt gewählte Einstellung innerhalb der Alternativen an. Um sie zu ändern, wird das Menü wieder über das Initialfeld aktiviert und die gewünschte Auswahl getroffen, die dann als gültige Einstellung angezeigt wird (Abbildung 2-9).

Abbildung 2-9: Optionsmenü

Eine andere Sonderform stellen *Buttons* dar. Sie sind ebenfalls mit einem Zeigegerät zu aktivieren, das zugehörige Initialfeld ist hingegen der Button selbst. Es lassen sich sich Push-Buttons, Radio-Buttons oder Check-Boxen unterscheiden [ZEID92, S. 74].

Push-Buttons erlauben meist nur das Klicken auf sich selbst, wodurch dann eine Funktion auslöst wird. Bei *Radio-Buttons* kann jeweils nur eine von mehreren Alternativen ausgewählt werden, während *Check-Boxen* die Auswahl von mehreren Optionen zulassen.

In Menüsystemen wird häufig das gesamte Funktionsspektrum der Anwendung in Menükategorien zusammengefaßt. Sie ermöglichen die Interaktion mit dem System, bei der der Benutzer kein spezielles Anwendungswissen aktiv einsetzen muß. Er kann die angebotenen Funktionen auswählen und dabei auf evtl. vorhandenes Wissen, bezüglich der Menügruppierung und der Funktionszuordnung zu Menügruppen aus anderen Anwendungen, zurückgreifen [STAR94, S. 114].

Untersuchungen zeigen jedoch, daß gerade Menüstrukturen für unerfahrene Benutzer schwierig zu bedienen sind [STAR94, S. 115]. Ihnen fällt die Nutzung von Kommandosprachen, auch wenn die Kommandos im Gedächtnis aktiv vorgehalten werden müssen, leichter. Auch OBERQUELLE setzt sich kritisch damit auseinander, da er zum einen Menüs als „(...) für Anfänger und gelegentliche Benutzer besonders gut geeignet" [OBER94, S. 129] hält, zum anderen aber auch auf die Schwierigkeiten bei der Verwendung von Menüs hinweist, die den unerfahrenen Benutzer vor Probleme stellen: Unverständliche Menüpunkte, hoher Platzbedarf auf dem Sichtgerät, Orientierungs- und Navigationsprobleme bei partiell dargestellten Menüs oder umständliche Menükaskaden, die einer gezielten, kommandoorientierten Eingabe unterlegen sind [OBER94, S. 129].

Unklare Menüpunkte können zwar durch zusätzliche Icons im Menü oder beschreibenden Text verdeutlicht werden, aber auch das kann zu einer weiteren Verwirrung des Benutzers führen, was durch die Einführung von Menüs eigentlich verringert oder vermieden werden sollte. Sind zusätzliche Erläuterungen dennoch notwendig, so sind icon- oder textbasierte Erläuterungen gleich vorteilhaft [MACG92, S. 767].

Die Einarbeitungszeit in neue Systeme kann zusätzlich verkürzt werden, wenn sich das System konsistent in der Benutzung verhält (*interne Konsistenz*). Gleichlautende Aktionen sollen auch zum gleichen Ergebnis führen; gleiche Bezeichnungen die gleichen Funktionen beschreiben [ZEID92, S. 121].

Nach einer Gewöhnungs- und Lernphase stellen Menüs für den fortgeschrittenen Benutzer eine vereinfachende Interaktionstechnik dar. Die Nutzung von Menüs befreit den Benutzer von textuellen Eingaben und vermeidet Fehlerquellen in der Syntax. Der Benutzer braucht keinen umfangreichen Befehlsvorrat zur Interaktion aktiv vorzuhalten, er kann sich die Auswahl vergegenwärtigen und so Erkenntnisse aus anderen Anwendungen oder Assoziationen aus seiner Umwelt einsetzen. Des weiteren wird von Lernpsychologen die optische Einprägung bezüglich der Dauerhaftigkeit des Erlernten gegenüber der textuellen Einprägung bevorzugt [DEJO94, S. 134].

Besteht die Aussicht, daß unterschiedliche Anwendungen für identische Funktionen übereinstimmende Bezeichnungen und Positionen innerhalb der Menühierarchie besitzen, ist der Erinnerungs- und Lerneffekt besonders groß und der Benutzer kann mit geringem Einarbeitungsaufwand unterschiedlichste Anwendungen für seine Aufgabenlösung einsetzen (*externe Konsistenz*) [ZEID92, S. 122].

2.5.4 Direkte Manipulation

Der Begriff der direkten Manipulation geht auf SHNEIDERMAN zurück und beschreibt die Präsentation einer quasi gegenständlichen Modellwelt mit variablen Objekten, die der Benutzer durch operative räumliche Handlungen verändert [SHNE82, S. 246f.]. Der Benutzer hat das Gefühl, mit realen Objekten einer Modellwelt zu agieren. Steht die präsentierte Modellwelt in einem engen Verhältnis zur realen Welt und ist so die semantische Distanz zum Anwendungsmodell gering, kann die gewünschte Aktion mühelos ausgeführt werden [OBER94, S. 134]. Die Distanz zwischen Realwelt und Modellwelt wird durch die Verwendung bildhafter Übertragung überbrückt. Gelingt es, die reale Welt in die Modellwelt durch eine Metapher zu überführen, ist der Wiedererkennungsgrad beim Benutzer hoch. Metaphern werfen im Rahmen der fortschreitenden Internationalisierung der Märkte jedoch auch neue Problemfelder auf [RUSS93, S. 346].

Bekannteste Metapher ist die Darstellung der realen Schreibtischoberfläche (*desktop*) auf dem Sichtgerät. Sie stellt eine kurze Distanz zwischen Anwendungswelt und Anwendungsmodell dar und belastet den Benutzer nur in geringem Maße mit Erinnerungsleistungen, da sie an das anzutreffende Vorwissen über eine Schreibtischoberfläche anschließt [DUTK94, S. 97].

Obwohl kein definierter Begriff der direkten Manipulation existiert [WAND93, S. 175], können dennoch Merkmale spezifiziert werden [WAND93, S. 178; OBER94, S. 134; STAR94, S. 136]:

- Permanente Visualisierung der relevanten Objekte und deren semantischer Nähe zum Aufgabenbereich des Benutzers,
- schnell wirkende und reversible Operationen, deren Veränderungen oder Effekte visualisiert werden und
- Funktionsauslösung durch räumliche Distanz zwischen den Zuständen ohne Eingabe von Kommandos.

Wichtigstes Kriterium ist neben der eigentlichen Manipulation die permanente Visualisierung der Objekte [OBER94, S. 134]. Dabei werden die Aktionen und ihre Wirkungen nicht komplex beschrieben, sondern durch die visuelle Veränderung der betreffenden Objekte hervorgehoben. Der Benutzer erkennt sofort die Wirkung seiner Operationen, ohne jedoch Befürchtungen vor deren Ausführung haben zu müssen, da er die Aktionen jederzeit rückgängig machen kann.

3   Informationssysteme

Informationssysteme stellen Systeme zur Speicherung und Wiedergewinnung von Informationen dar, die insbesondere den Suchprozeß zur Wiedergewinnung mit Hilfe verschiedener Verfahren unterstützen [THOM90, A. 2, S. 18].

Lehr-/Lernsysteme sind besondere Informationssysteme mit denen der Benutzer, je nach Ausgestaltung, selbständig oder vom System unterstützt Wissensbereiche erlernt oder die er als Nachschlagewerk (*retrieval*) nutzt.

Der Vorteil liegt gegenüber herkömmlichen Lernmethoden in der freien Wahl von Ort und Zeit und in der Bestimmung des individuellen Lerntempos durch den Benutzer selbst.

Die unterschiedlichen Arten von existierenden Lehr-/Lernsystemen, vom einfachen Hilfesystem bis hin zur Mikrowelt, sollen hier nicht weiter dargestellt werden; eine vertiefende Darstellung enthält POHL [POHL95a]. Lediglich für das bessere Verständnis des Prototypens wird das benötigte Hintergrundwissen kurz umrissen.

3.1   Aufbau von Informationssystemen

Intelligente Lehr-/Lernsysteme (*Intelligent Computer Aided Instruction, ICAI*) bestehen aus Modulen, die jeweils unterschiedliche Aufgaben innerhalb des Systems übernehmen [LUST92, S. 18f.].

Es können Expertenmodul, Studentenmodul, Unterrichtsmodul und Kommunikationsmodul unterschieden werden (Abbildung 3-1).

Das *Expertenmodul* enthält die eigentliche Wissensbasis des Systems, in der das fachliche Wissen, seine Struktur, seine Abhängigkeiten und seine Regeln abgelegt sind.

Die Benutzereigenschaften des Lernenden beschreibt das *Studentenmodul*. Sie sind für die Aktionen des Unterrichtsmoduls notwendig, bspw. für die Aufgaben- oder Lernpfadgenerierung. Es unterstützt den Lernenden bei der Stoffauswahl, der Navigation, bietet zusätzlich Hilfen, fachliche Zusatzinformationen oder Tests an. Innerhalb des Studentenmoduls verwaltet das Benutzermodell die individuellen Ausprägungen des Lernenden.

Das *Unterrichtsmodul* steuert den Lernprozeß. Darunter fallen die Auswahl der zur Lernsituation passenden Lernstrategien, zusätzliche Motivationsanreize und die Steuerung der Einflußmöglichkeiten des Lernenden auf die Stoffauswahl und Systemfunktionalität.

Die Form der Präsentation und die Interaktionsformen werden durch das *Kommunikationsmodul* gesteuert. Es stellt die Benutzungsschnittstelle und im Idealfalle eine adaptive Benutzungsoberfläche, sowie eine fehlertolerante Ein- und Ausgabesteuerung zur Verfügung.

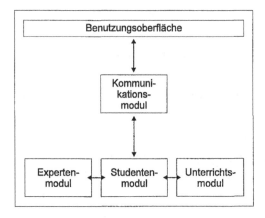

Abbildung 3-1: Aufbau eines Lehr-/Lernsystems

3.2   Multimedia und Hypermedia

Informationen können in zeitabhängige und zeitunabhängige Informationen unterteilt werden (vgl. 2.4 Interaktionsmöglichkeiten zwischen Mensch und Computer). Jede dieser Informationsarten wird als Medium bezeichnet, mit dessen Hilfe Informationen zwischen Kommunikationspartnern ausgetauscht werden können. Werden diese Medien kombiniert, spricht man von multimedialen Informationen. Dabei gilt als Kriterium die Kombination von mindestens einem zeitabhängigen und einem zeitunabhängigen Medium, damit eine Information als *multimedial* bezeichnet werden kann [WOLF93, S. 11].

Das Konzept *Hypertext* umschreibt die Technik, mit der Verbindungen zwischen Texten geknüpft werden [THOM90, A 2, S. 17]. Diese unterscheiden sich von herkömmlichen Querverweisen dadurch, daß sie in elektronischen Dokumenten Sprünge innerhalb eines Dokumentes oder Sprünge von einem auf ein anderes Dokument ermöglichen. Die Verbindungen werden als Hyperlinks bezeichnet (Abbildung 3-2). Hypertextbasierte Texte sind bspw. Online-Hilfen in Anwendungsprogrammen.

Werden die Hyperlinks nicht nur als Textverknüpfungen, sondern zwischen allen verfügbaren modalen Medien eingesetzt, so wird diese Kombination als *Hypermedia* bezeichnet [THOM90, A 2, S. 17].

Hypermediale Informationssysteme stellen somit Lehrgerüste dar, in denen Informationen, die unterschiedlichen Arten angehören und durch Links miteinander verbunden
sind, präsentiert werden [THOM90, A. 2, S. 17]. Hypermediale Informationssysteme
sind somit eine besondere Form von Anwendungsprogrammen (Abbildung 3-3).

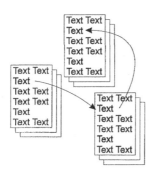

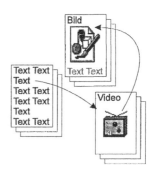

Abbildung 3-2: Hypertext-Links
zwischen Dokumenten

Abbildung 3-3: Hypermediale Links
zwischen Dokumenten

Ursprungs- und Zielpunkte von Links werden als Knoten bezeichnet [LUST92, S. 172].
Ein Knoten besitzt einen Informationsinhalt, der durch Verbindungen zu anderen Knoten in einem fachlichen Kontext steht. Somit lassen sich Informationen in einer Netzstruktur darstellen.

Am Lehrstuhl für Betriebswirtschaftslehre und Wirtschaftsinformatik der Universität
Würzburg entstand unter Federführung von Prof. Dr. Thome das hypermediale Informa-
tionssystem HERMES [HERM95]. Nachfolgend werden die Unterschiede zwischen
HERMES und den Werkzeugen zur Benutzerunterstützung im Prototypen dargestellt.

4 Benutzermodelle

4.1 Ausgangspunkt mentales Modell

Der Benutzer als Teil seiner Umwelt konsumiert unterschiedlichste Informationen. Sie werden im Bewußtsein und Unterbewußtsein verarbeitet, damit der Benutzer seine Umgebung und ihr Verhalten wahrnehmen, verstehen und die aufgenommenen Informationen als Grundlage zur Planung und Steuerung von Handlungen nutzen kann [HÜTT95, G, S. 26f.].

Beide schwer zu beschreibenden Vorgänge greifen nach Erkenntnissen der Kognitionspsychologie auf das Konstrukt des mentalen Modells zurück [DUTK94, S. 76f.]. Mit Hilfe des mentalen Modells sollen die „(…) Leistungen menschlicher Informationsverarbeitung beschrieben und erklärt werden (…)" [DUTK94, S. 76].

Das mentale Modell kann nicht eindeutig bestimmt oder definiert werden, sondern nur indirekt anhand seiner Funktionen und Eigenschaften in experimentellen und simulationsbasierten Analysen erschlossen werden. Selbst Fachlexika definieren den Begriff „Mentales Modell" nicht, sondern beschreiben lediglich seine Funktionen als Hilfsmittel für menschliches Denken und Ausführen von Tätigkeiten [CHAR94, S. 300f.].

Die Kognitionspsychologie nutzt zur Veranschaulichung des mentalen Modells die Informationsverarbeitung als theoretisches Prinzip:

Nach der Umsetzung der aufgenommenen Umweltreize in einen mentalen Code (*Transformation*), wird das Wahrgenommene mit bereits vorhandenem Wissen verbunden (*Elaboration*). Dabei wird das Wahrgenommene nicht dem bereits präsenten Wissen hinzugefügt, sondern interpretiert und vernetzt. Dieser Vorgang schließt die Möglichkeit ein, daß in der Umwelt nicht vorhandene Informationen aus dem Wissensstand heraus ergänzt werden können. Dieses wiederum führt zur *Konstruktionsannahme*, daß bei höheren Informationsverarbeitungsprozessen partiell vorhandene Umweltinformationen durch bestehendes Wissen ergänzt und notwendige Informationen, auch aus parallel verlaufenden kognitiven Prozessen, erzeugt werden können. Die *Systemannahme* beschreibt die Parallelität unterschiedlicher kognitiver Prozesse, die ihrerseits durch eine ständige zyklische Rückkoppelung zwischen Wahrnehmung, Gedächtnis und Informationssuche den Wissensstand und somit die eigene Basis verändern [DUTK94, S. 11].

Da sich die psychologische Forschung auf diesem Gebiet noch in einem frühen Stadium befindet, beschränkt sich die Berücksichtigung von mentalen Modellen bei Benutzungsschnittstellen auf entsprechende Hilfen und Gestaltungsempfehlungen. Auch im Bereich der Informationsverarbeitung bildet sich der Benutzer zunächst ein mentales Modell über das Computersystem (Abbildung 4-1). Gewonnene Erfahrungen und Vorstellungen aus dem Umgang mit dem System und seinen Programmen wandeln sich im Zeitablauf durch die Erfahrung mit ihnen. Dies führt zu einer Vervollständigung des mentalen Modells über das System [DUTK94, S. 76].

Mentale Modelle im Rahmen der Mensch-Computer-Interaktion können beschrieben werden als „(…) anschauliche Vorstellungen, die vom Benutzer erzeugt werden, um die Ausgaben des Systems zu verstehen und eigene Eingaben planen zu können" [HÜTT95, G, S. 27].

Bei der Bildung des mentalen Modells greift der Benutzer auf Erfahrungen und Wissen aus anderen Anwendungen aus diesem Bereich oder seiner Umwelt zurück. Das aktuelle System kann ihn dabei unterstützten, indem es versucht, auf diesem unvollständigen Wissen aufzubauen [KUPK82, S. 226].

Der Benutzer (B) des Systems (S) bildet ein mentales Modell (M), wobei sich grobe Vorstellungen über das System nützlicher als exakte formale Beschreibungen von Systemteilen erwiesen haben. Der Benutzer ist in der Lage, mittels einer strukturellen Vorstellung über die Arbeitsweise des virtuellen oder realen Systems zielgerichtete Aktionen sofort oder nach kurzer Einarbeitungszeit auszuführen. Das Wissen über die Arbeitsweise hilft ihm auch bei der Interpretation unerwarteter Reaktionen des Systems [KUPK82, S. 227]. Das mentale Modell des Benutzers über das System, $M_B(S)$, hängt von der Vollständigkeit und Richtigkeit des mentalen Modells über das System ab. Dabei können die existierenden Aspekte im mentalen Modell des Benutzers „(…) von den Erfahrungen, dem Vorwissen und insbesondere von den individuellen kognitiven Prozessen des Benutzers bei der Interaktion mit der Maschine (…)" [BODE92, S. 234] verändert werden.

Daneben besitzt das Computersystem ebenfalls Vorstellungen über den Benutzer, die der Entwickler (E) im Systementwurf festgelegt hat [FISC83, S. 40]. Der Autor greift auf ein konzeptionelles Modell (K) des potentiellen Benutzers $K_E(B)$ und auf ein konzeptionelles Modell des Systems $K_E(S)$ zurück. Anspruchsvolles Ziel der Modellierung ist, daß sich das System so verhält wie der Benutzer es erwartet und exakt die Informationen anbietet, die der Benutzer zur Bedienung des Systems und zur Erweiterung seines

Wissens benötigt. Dazu müßte das Computersystem das mentale Modell des Benutzers emulieren, um daraus seine Systemsteuerung abzuleiten, also ein konzeptionelles Modell $K_S(M_B(S))$ der Erwartungen des Benutzers über das System selbst erzeugen [NORM83, S. 8; STRE85, S. 284f.; BODE92, S. 234].

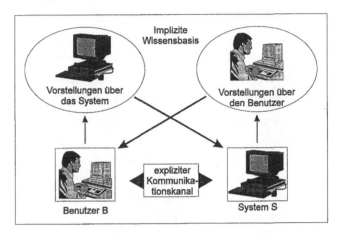

Abbildung 4-1: Kooperativer Mensch-Maschine-Dialog [BODE92, S. 234]

Es kann somit die These aufgestellt werden, daß ein interaktives System desto benutzerfreundlicher ist, je geringer die Distanz zwischen dem mentalen Modell und der Systemrealisierung des Modells ist [STRE85, S. 286].

Eine mögliche Unterstützungsform zur Evaluation bezüglich Brauchbarkeit, Robustheit und Güte eines mentalen Modells bieten Benutzermodelle [FISC83, S. 39f.].

Ein Benutzermodell umschreibt die „(...) Organisation von Wissen über Eigenschaften des Benutzers" [OPPE94, S. 251], wobei sich allgemeine, selten ändernde Persönlichkeitsmerkmale und spezielle, in bezug auf ein bestimmtes System und nur in bestimmten Perioden geltende, Beziehungsmerkmale unterscheiden lassen [OPPE94, S. 251].

Zu denen sich ändernden Informationen zählen [ZEID92, S. 124]:

- Vorwissen und fachliche Erfahrung im Anwendungsgebiet,
- Vertrautheit mit den Begriffen und der Konzeption von Computersystemen,
- kognitive Fähigkeiten,
- persönliche Ziele,
- die Einstellung des Benutzers zu interaktiven Systemen und

- die für die Ziele und Aufgaben des Benutzermodells notwendigen benutzerspezifischen Daten.

4.2 Ziele und Aufgaben

Autoren von Computersystemen sehen sich i. d. R. einer heterogenen Anwendergruppe gegenüber, für deren vielfältige Bedürfnisse sie jedoch nur eine Lösung zur Verfügung stellen können. Ist es den Entwicklern im Rahmen des Systementwurfs nicht möglich, den späteren Benutzer in die Anwendungsentwicklung einzubeziehen (*benutzerorientierte Entwicklung, user centered design*), können Diskrepanzen zwischen den Anforderungen des Benutzers und den Leistungen des Systems auftreten.

Die Notwendigkeit der Benutzerintegration während des Systementwurfes ist unumstritten [exemplarisch: FISC83, S. 31; STRE88, S. 164; HAWK93, S. 839]. Problematisch gestaltet sich hingegen die praktische Umsetzung der Forderung. Heutige Standardsysteme wenden sich regelmäßig nicht mehr an eine bestimmte Zielgruppe wie es noch bei der Realisierung von Individualsoftware üblich war. Die Entwicklung von Standardanwendungen läßt die potentielle Benutzerzahl drastisch steigen und ist für den Autor ex ante nicht quantifizierbar. Moderne Systeme versuchen daher, unterschiedlichste Ziele der späteren Nutzer zu integrieren. Die Berücksichtigung des Benutzers beschränkt sich durch seine große Zahl auf die Integration eines „optimalen Benutzers" oder eines „Standard-Benutzers" [KOBS85, S. 5f.]. Es werden im Entwicklungsprozeß Benutzerziele unterstellt, von denen angenommen wird, daß sie ein optimaler Benutzer verfolgen würde. Seitens des Systems wird die Unterstützung des Benutzers durch einen Abgleich zwischen dem realen Benutzerverhalten und dem, im konzeptionellen Modell des optimalen Benutzers hinterlegten, Verhalten realisiert. Je nach Ausgestaltung wird massiv oder nur empfehlend in das Benutzerverhalten eingegriffen. Dabei ist es durchaus möglich, daß der Autor nicht nur ein Modell eines optimalen Benutzers im System hinterlegt hat, sondern daß aus mehreren Modellen (sog. *Benutzerprofile*) eines zum Abgleich ausgewählt werden kann [KUPK82, S. 227]. Je nachdem, für welches Profil sich der Benutzer entscheidet, werden seine Aktionen anhand des gewählten Modells bewertet und Hilfestellungen oder Eingriffe seitens des Systems entsprechend vorgenommen. Weiterführende oder sich im Zeitablauf ändernde Ziele können somit nicht in den Systementwurf integriert werden, was zu einer Ablehnung des Systems beim potentiellen Benutzer führen kann. „A much better system would be one in which the interface presented to each person was tailored to his own characteristics rather than to those of some abstract „typical" person" [RICH83, S. 200].

Ist jedoch eine Individualisierung möglich, werden dem Benutzer die gerade benötigten Informationen adäquat bereitgestellt. Kann zudem die Benutzungsoberfläche an die Benutzerwünsche angepaßt werden, verringert sich das Interaktionsproblem, dem der Benutzer zu Beginn seines Systemeinsatzes gegenübersteht. Das Postulat einer benutzerorientierten und somit benutzerfreundlichen Gestaltung der Schnittstelle läßt sich als Minimierung des Interaktionsproblems für den Benutzer darstellen [STRE85, S. 283].

Die Zielsetzungen von Benutzermodellen können dabei grob in fünf Aspekte unterteilt werden, wobei die Einfachheit der Realisierung abnimmt [BODE92, S. 237f.; HAAK92, S. 2f.; KOBS93, S. 154]:

- *Benutzerkonventionen*: Dialoganpassung und Anpassung von Benutzungsoberfläche und -schnittstelle an Benutzerwünsche.

- *Benutzerpräferenzen*: Dialoganpassung durch Informationsselektion und Präsentationsarten.

- *Benutzermißverständnisse und -fehler*: Generierung von Tests, Übungen oder angepaßten Erklärungen.

- *Benutzerkompetenz*: Verwendung und Berücksichtigung des vorhandenen oder fehlenden (System-) Wissens des Benutzers bei der Systemanwendung durch die Anpassung von Erklärungen, Beschreibungen und Präsentationstechniken an den Wissensstand des Benutzers.

- *Benutzerintention*: Benutzerunterstützung bei der Ziel- und/oder Planerreichung durch Angebote zur Navigation und Zusatzinformationen.

Da sich jedoch die Erwartungen des Benutzers an das System nicht nur in textuell kommunikativer Form, sondern auch in Gestik oder Mimik ausdrücken können, wird - solange die entsprechenden Interaktionsmöglichkeiten hierfür fehlen - bei der Systementwicklung weiterhin von einem konzeptionellen Benutzermodell ausgegangen werden müssen.

Der Aufbau bzw. die Ergänzung korrekter Modelle kann schon während des Systementwurfs und der Entwicklungsphase durch Berücksichtigung folgender Prinzipien unterstützt werden [ZEID92, S. 120f.]:

- *Zutreffendes Benutzermodell*: Integration der Vorstellungen der potentiellen Zielgruppe in das System.

- *Adaptierbare Benutzermodelle*: Unterschiedliche Dialogebenen für unterschiedlich erfahrene Benutzer.

- *Interne und externe Konsistenz*: (vgl. 2.5.3 Menüs).

- *Einfachheit*: Das System sollte nur die zur Aufgabenlösung nötigen Werkzeuge bereitstellen und den Benutzer nicht mit unnötiger Funktionsvielfalt belasten.

- *Vollständigkeit*: Die zur Aufgabenlösung notwendigen Werkzeuge sollen im benötigten Funktionsumfang unter Beachtung des Prinzips der Einfachheit bereitstehen.

- *Unterschiedliche Ebenen des Leistungsangebots*: Je nach Wissen und Aufgabe des Benutzers sollten unterschiedliche und voneinander getrennte Leistungsebenen zur Verfügung gestellt werden, aus denen der Benutzer eine auswählen kann.

Als Teilaufgaben eines Benutzermodells werden Korrektur, Ergänzung, Strategieberatung, Diagnose, Prognose und Bewertung unterteilt [SELF88, S. 74].

Die *Korrektur (corrective)* dient, neben der Berichtigung fehlerhafter Eingaben, der Berichtigung von Fehlern im Wissen des Benutzers und somit des mentalen Modells. Unvollständige Eingaben, ebenso wie ein unvollständiges Modell von der Anwendung und dem Computersystem, werden *ergänzt (elaborative)*.

Umfangreiche *Strategieberatung (strategic)* unterstützt den Benutzer in bezug auf alternative Wege zur Aufgabenlösung und damit einhergehender Zusatzinformationen, die zu einer Transparenz des Anwendungs- und Computersystems führen sollen.

Diagnostik (diagnostic) wird benötigt, um das fehlerhafte oder unvollständige Wissen des Benutzers für das Benutzermodell transparent zu machen.

Eine *Prognose (predictive)* versucht, mögliche Aktionen oder Reaktionen des Benutzers zu erfassen, während die *Bewertung (evaluative)* eine Gesamtbeurteilung der Stärken und Schwächen vornimmt und den Benutzer punktuell, aber gezielt, mit Zusatzinformationen versorgt.

Dabei ist jedoch zu beachten, daß der Benutzer Einblick in „sein" Benutzermodell erhält, damit evtl. auftretende fehlerhafte Schlüsse des Benutzermodells korrigiert werden können. Ebenfalls muß die Kommunikationsinitiative vor Änderung der Arbeitsumgebung interaktiv sein, damit der Benutzer vorgeschlagene Statusänderungen ablehnen oder noch nicht vorgeschlagene Änderungen aktiv auslösen kann.

Die Weiterentwicklung und Anpassung des Benutzermodells bringt auch eine Veränderung der angebotenen Informationen für den Benutzer mit sich. Entwickelt sich der Benutzer mit seinem Wissen im Anwendungssystem weiter, können ihm sukzessive mächtigere Manipulationswerkzeuge zur Verfügung gestellt werden.

4.3 Benutzermodelle in hypermedialen Informationssystemen

Benutzer von Informationssystemen werden als Schüler oder Studenten bezeichnet, die im System hinterlegten Benutzermodelle folglich als Schüler- oder Studentenmodelle. Die Nützlichkeit von Benutzermodellen auch in Informationssystemen ist unumstritten [VASS90, S. 202; MONT92, S. 1].

Im Unterschied zu herkömmlichen Benutzermodellen können Studentenmodelle beschrieben werden als „(…) the general name given to the task of gathering relevant information about an individual student that can be used to guide the behaviour of an intelligent tutoring or coaching system" [VASS90, S. 202].

Der Unterschied ist relevant, da herkömmliche Benutzermodelle ihre Unterstützungsaufgaben im Bereich der Anwendungsbedienung und Aufgabenlösung fokussieren. Studentenmodelle dagegen sind aufgefordert, das vorhandene Wissen des Lernenden zu berücksichtigen, ihn bei der Auswahl der benötigten Lerninhalte sowie bei der Ergänzung seines Fachwissens sinnvoll zu unterstützen [LUST92, S. 99]. Allerdings werden beide Begriffe oftmals synonym verwandt, was hier übernommen werden soll, da sich Benutzermodelle im Kontext von Informationssystemen immer auch auf die fachlichen Inhalte und das Wissen des Lernenden beziehen. Ebenfalls werden weiterhin die Begriffe Schüler, Student, Lerner, Nutzer und Benutzer synonym genutzt.

Damit ein System dem Benutzer die benötigten Informationen anbieten kann, sollte der Benutzer dem System so exakt wie möglich mitteilen, welcher Informationen er bedarf. Da jedoch auch im psychologischen Umfeld Unsicherheit darüber herrscht, was überhaupt Wissen ist und welche Informationen zur Wissensbildung benötigt werden, ist der Benutzer überfordert, bezüglich seines Wissensstandes und -bedarfs eine Aussage zu machen.

Daraus resultiert der Wunsch, daß das entsprechende Informationssystem den Lernenden unterstützt, sein Wissen respektive Nicht-Wissen zu artikulieren und ihm benötigte Informationen anzubieten. Eine Unterforderung durch die Präsentation bereits vorhandenen Wissens sollte ebenso vermieden werden, wie eine Überforderung durch das Voraussetzen nicht vorhandenen Wissens. Die für den Lernenden ideale Form einer Unterstützung wäre das Auffüllen seiner Wissenslücken und die Präsentation neuen Wissens. Darüber hinaus sollte der Lernende keine oder nur geringfügige Einarbeitungszeit in das System investieren müssen, was somit zu einer Benutzungsoberfläche führt, die adaptierbar und in Grenzen selbst adaptiv ist [MONT93, S. 318].

4.4 Inhalte und Informationserwerb

Zwischen der Idee der Individualisierung des Benutzerdialogs, den dafür nötigen Informationen im Rahmen des Benutzermodells und der praktischen Umsetzung der Informationsgewinnung liegen große Diskrepanzen [BODE92, S. 237].

Ein Benutzermodell benötigt bestimmte Annahmen über den Benutzer. Sie bilden die Grundlage für die Dialoganpassung, die Verwertung des vorhandenen Benutzerwissens und die Empfehlung und Auswahl des fehlenden Wissens.

Der mögliche Inhalt eines Benutzermodells besteht aus einer Bandbreite von „harten" Informationen bis „weichen" Informationen (Abbildung 4-2).

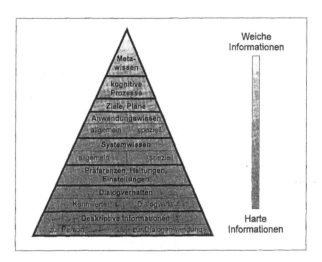

Abbildung 4-2: Mögliche Inhalte eines Benutzermodells, aus [BODE92, S. 238]

Unter *harten* Informationen sind deskriptive Informationen zu verstehen, die vom Benutzer erfragt oder durch das Benutzerverhalten vom System erkannt werden können. Dazu zählen unter anderem Benutzername, Alter, Umgebungseinstellungen, Testergebnisse, Chroniken oder besuchte Lernpfade.

Weiche Informationen repräsentieren Informationen, die oftmals nicht quantifizierbar, nicht meßbar oder informationstechnisch nicht beschreibbar sind. Darunter fallen bei intelligenten tutoriellen Systemen vor allem Informationen über das Wissen oder Nicht-Wissen des Lernenden, seine Lernziele und Pläne oder kognitive Fähigkeiten, präferierte

Themen, Präsentations- oder Lerntechniken, die sich jeweils auf die Darstellungsform auswirken.

Die Inhalte von Benutzermodellen konzentrieren sich auf vier Fragestellungen [SELF88, S. 73]:

- Welches Wissen besitzt der Benutzer über das System (*procedural knowledge*)?
- Welches Wissen besitzt der Benutzer über seine Aufgabe (*conceptual knowledge*)?
- Welcher Gruppe gehört der Benutzer an (*individual traits*)?
- Was hat der Benutzer bisher zur Lösung seiner Aufgabe getan (*history*)?

Damit beschreibt SELF einen Benutzer als Tupel von vier Zuständen, wobei die beiden Wissensformen System- und Aufgabenwissen zum Begriff *user knowledge* zusammengefaßt werden [SELF88, S. 73f.]. Daraus erwächst die Möglichkeit einer Parametrisierung des Benutzers in einem dreidimensionalen Raum.

Auch BODENDORF stellt zur Benutzerbeschreibung, unter der Bedingung, daß das Akquisitionsproblem gelöst ist, einen Kompetenzwürfel vor (Abbildung 4-3).

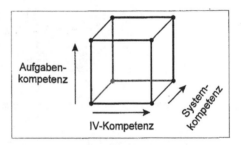

Abbildung 4-3: Benutzerkompetenz, aus [BODE92, S. 242]

Wenn es möglich ist, einen Benutzer mit drei Zuständen zu beschreiben, könnte ein Punkt im Vektorraum des Würfels die absolute Position des Benutzers, bezogen auf das Computersystem und die explizite Anwendung, identifizieren. Die entsprechenden Vektoren dieser Position umschreiben die Wertung der Kompetenz und somit das Vorwissen eines Benutzers im Bereich seiner Aufgabe (*Aufgabenkompetenz*), der Informationsverarbeitung (*IV-Kompetenz*) und seiner Systemkenntnisse (*Systemkompetenz*). Somit wäre die vorzuhaltende Datenmenge über den einzelnen Benutzer gering, und das

33

Benutzermodell könnte ohne großen Aufwand Schlüsse aus den Kompetenzvektoren über die vom Benutzer benötigten Informationen ziehen.

Da jedoch eine Beschreibung des Benutzers mit nur drei Zuständen nicht ausreicht, um qualifizierte Hilfestellungen zur Verfügung zu stellen, muß entweder ein n-dimensionaler Raum geschaffen oder von der vektororientierten Beschreibung eines Benutzers Abstand genommen werden.

Benutzermodelle müssen sich die benötigten Informationen über den Benutzer beschaffen. KOBSA beschreibt Benutzermodelle mit integriertem oder separiertem Informationserwerb [KOBS93, S. 154f.].

Die Erhebung in *integrierten* Modellen bleibt für den Benutzer meist verborgen, da hierbei die Informationen durch das Modell selbst erkannt und interpretiert werden. Erst durch Systemabfragen und Inkonsistenzmeldungen wird dem Benutzer das Hintergrundssystem bewußt.

Dagegen sind *separierte* Modelle darauf angewiesen, daß ihnen der Benutzer die nötigen Informationen bereitstellt. Dabei kann die Informationsakquisition system- oder benutzergesteuert sein.

Systemgesteuerter Informationserwerb unterbricht die Aktionen des Benutzers, wenn das Modell entsprechende Informationen benötigt. Klassisches Beispiel hierfür sind Eingangsinterviews oder Profilformulare. Unter Umständen verlangt das Modell auch während einer laufenden Interaktion Benutzereingaben, damit Inkonsistenz und Unvollständigkeiten im Modell behoben werden können. In welcher Art auch immer ein systemgesteuerter Informationserwerb implementiert wird, kann er vom Benutzer als störend empfunden werden.

Dagegen wird *benutzergesteuerter* Informationserwerb als weniger störend empfunden, da der Benutzer selbst die Abfragen des Benutzermodells aktiviert. Die Form der Abfragen muß sich nicht zwangsläufig von den systemgesteuerten Abfragen unterscheiden, lediglich die Aktivierungsinitiative differiert.

Der Erwerb von Informationen für Benutzermodelle kann über Anwendungsgrenzen hinweg erfolgen. Ziele, Pläne und vor allem Benutzerpräferenzen können in unterschiedlichen Anwendungen durchaus identisch sein. Stellen die verschiedenen genutzten Anwendungen Benutzermodelle zur Verfügung, kann ein noch unvollständiges Benutzermodell auf die Informationen des Benutzermodells einer anderen Anwendung zugreifen und sein eigenes Informationsdefizit verringern. Der dafür nötige Verwaltungsaufwand für das Gesamtsystem wäre zwar hoch, die Informationsakquisition für das einzelne defizitäre Benutzermodell jedoch erheblich geringer. Dabei ist es auch denkbar, daß für jeden Benutzer ein einheitliches Benutzermodell im Gesamtsystem gehalten wird und lediglich spezifische Benutzerinformationen für die einzelne Anwendung zusätzlich in einem separaten Benutzermodell gelagert werden. Ebenso ist es denkbar, die Informationen nicht nur aus den Angaben eines Benutzers zu erstellen, sondern den Benutzer in Relation zu anderen Benutzern desselben Anwendungssystems zu setzen, um evtl. gleiche Ziele und Pläne identisch zu unterstützen oder den Problemlösungsweg eines anderen Benutzers als Unterstützung für den aktiven Benutzer anzubieten. Voraussetzung für diese Form der Benutzerdatenerhebung ist die externe Konsistenz der Anwendungsprogramme (vgl. 2.5.3 Menüs). Da die bisher realisierten Anwendungen diese Forderungen nicht erfüllen, werden die aufgezeigten Systeme in absehbarer Zeit nicht zu realisieren sein.

4.5 Typologien

Während zu Beginn der Typisierung noch acht Modelle klassifiziert wurden [RICH79, S. 10; RICH83, S. 201], erweitert sie BODENDORF auf sechs gleichberechtigte Paare mit je zwei Ausprägungen (Abbildung 4-4).

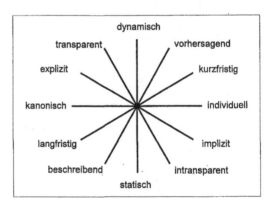

Abbildung 4-4: Typisierung von Benutzermodellen,
aus [BODE92, S. 236]

Evident ist hierbei, daß kein Benutzermodell genau einem Typus zuzuordnen ist, sondern aus Kombinationen der verschiedenen Merkmale besteht bzw. sich die Merkmale überlappen [SCHI96, S. 113].

4.5.1 Kanonisch versus individuell

Können beim Design typische Verhaltensmuster oder Ziele mehrerer Benutzer identifiziert werden, so können sie zu einer Benutzergruppe zusammengefaßt werden. Solchen Benutzergruppen oder -klassen werden dann unterschiedlichen Funktions-, Dialog- und Interaktionstechniken zugeordnet. Verbreitete Anwendungen von kanonischen Benutzermodellen sind die typischen Modi für Laien, Anfänger, Fortgeschrittene oder Experten (vgl. 4.6.1.2 Stereotypen-Modelle).

Individuelle Benutzermodelle legen für jeden Benutzer ein eigenes Modell an, in dem umfangreiche persönliche Informationen über bspw. Testergebnisse, Entwicklungstendenzen oder Systemeinstellungen abgelegt werden. Dies hat vor allem bei netzwerkbasierten Systemen einen erheblichen Verwaltungsaufwand zur Folge, da für jeden Benutzer ein komplettes Modell verwaltet werden muß. Ebenfalls stellt sich das Problem, wie für jeden einzelnen Benutzer die notwendigen Anfangswerte erkannt werden sollen.

4.5.2 Langfristig versus kurzfristig

Soll in einem Benutzermodell die Entwicklung des Benutzers Gegenstand der weiteren Analyse sein, so sind die Informationen aus dem Benutzermodell entsprechend langfristig zu erheben. Unter langfristig ist hierbei der Zeitraum mehrerer Sitzungen zu verstehen. Diese Vorgehensweise impliziert die Notwendigkeit einer permanenten Speicherung auf geeigneten Speichermedien, die einen Zugriff in angemessener Zeit erlauben.

Kurzfristige Benutzermodelle berücksichtigen nur die Veränderungen des Benutzers während einer einzelnen Sitzung. Die Veränderungen können dann während der Sitzung im Arbeitsspeicher gehalten bzw. bei größerem Umfang auf geeigneten Speichermedien gesichert werden. Sie bleiben jedoch nur bis zum Ende einer Sitzung aktuell, in weiteren Sitzungen sind sie nicht mehr verfügbar.

4.5.3 Explizit versus implizit

Explizite und implizite Benutzermodelle beziehen sich auf die Art der Informationsgewinnung in Benutzermodellen.

Explizite Benutzermodelle erwarten die Informationsbereitstellung durch den Benutzer selbst. Der Benutzer wird oftmals durch Bildschirmformulare zur Eingabe von benötigten Informationen aufgefordert. Besonders in adaptierbaren Systemen ist diese Art der Informationsgewinnung verbreitet, dabei legt der Benutzer selbst seine Arbeitsumgebung fest [RICH83, S. 202]. Die Form der Informationsgewinnung ist im Bereich der

Umgebungsadaption meist problemlos, da der Benutzer nur aus einem Pool an Parametereinstellungen für seine Umgebung wählen kann. Kritisch wird die explizite Informationserhebung, wenn das Benutzermodell vom Benutzer Angaben über nicht quantifizierbare und nicht meßbare Parameter benötigt, so bspw. über sein Wissen bzw. Nicht-Wissen oder seine Lernziele.

An dieser Problematik setzen implizite Benutzermodelle an. Sie versuchen, aus dem Verhalten des Benutzers die nötigen Merkmale für das Benutzermodell abzuleiten. Dazu ist eine Beobachtung des Benutzers über einen längeren Zeitraum hinweg nötig, was wiederum Auswirkungen auf die abzulegende Informationsmenge und ihre Speicherung hat. Die konzeptionelle Schwäche der impliziten Benutzermodelle liegt in der Richtigkeit der Schlußfolgerungen aus dem beobachteten Benutzerverhalten. So sind Schlüsse aus dem Benutzerverhalten oder aus seiner Fehlerhäufigkeit auf entsprechende Systemreaktionen nicht eindeutig und hängen zudem von Einflüssen ab, die sich im Umfeld des Mensch-Maschine-Dialogs abspielen und so der direkten Erhebung nicht zugänglich sind [BODE92, S. 237].

4.5.4 Transparent versus intransparent

Da sich die gesammelten Informationen des Benutzermodells im Zeitablauf ändern können, oder die Schußfolgerungen des Benutzermodells sich nicht mit den Zielen und Vorstellungen des Benutzers decken müssen, stellen transparente Benutzermodelle dem Benutzer ihre Inhalte zur Kontrolle und Modifikation zur Verfügung (*gläsernes Benutzermodell*). Der Benutzer kann in die entsprechenden Daten regulierend eingreifen. Intransparente Benutzermodelle lassen keine Modifikation ihrer Informationen durch den Benutzer selbst zu. Der Benutzer erhält lediglich durch Klärungsdialoge die Möglichkeit, regulativ einzugreifen. Allerdings muß dem Benutzermodell dann erst Inkonsistenz im Modell selbst auffallen, bevor der Benutzer zur Klärung herangezogen werden kann.

4.5.5 Dynamisch versus statisch

Dynamische Benutzermodelle passen während einer laufenden Sitzung die Änderungen seitens des Benutzers bzw. des Benutzermodells an. Dabei auftretende Inkonsistenz wird mittels Benutzerdialogen geklärt und entsprechend berücksichtigt.

Statische Benutzermodelle halten die bestehende Situation bis zum Ende der laufenden Sitzung konstant. Vom Benutzer oder Benutzermodell vorgeschlagene und akzeptierte Änderungen werden erst nach einem Neustart des Systems oder Programmes wirksam. Eine weitere wichtige Unterscheidung findet sich auch in der Art der internen Verarbeitung. So führen dynamische Benutzermodelle ihre Auswertungen und darauf basierende Schlußfolgerungen zur Laufzeit bzw. in Systempausen durch, während statische Benutzermodelle die Auswertung erst am Ende der laufenden bzw. zu Beginn der folgenden Sitzung ausführen.

4.5.6 Beschreibend versus vorhersagend

Benutzermodelle deskriptiver Art fokussieren die Form und Ausführlichkeit der Dialogführung [BODE92, S. 237]. So stehen die Annahmen über Benutzerwissen, Darstellungspräferenzen, Nutzungshäufigkeiten oder Hilfeformen im Vordergrund. Hieraus soll eine möglichst hilfreiche Dialogunterstützung abgeleitet werden.

Pläne und Ziele des Benutzers stehen bei vorhersagenden Benutzermodellen im Mittelpunkt, um daraus individuell benötigte Systemfunktionen oder Verhaltensvorschläge zur Problemlösung anzubieten.

4.6 Klassifizierung

Die vorgestellten Typologien von Benutzermodellen können in vielfältiger Weise in Systemen kombiniert werden. Je nach Art der Erhebungstechnik lassen sich alternative Unterscheidungen von Benutzermodellen treffen (Abbildung 4 5).

Die Erhebungstechnik beschreibt die Art und Weise, mit der Benutzermodelle Informationen über den Benutzer erlangen. Dabei wird in den bereits verwendeten Benutzermodellen kein Modell als Reinform realisiert, da die Einsetzbarkeit des Modells stark von seinem Anwendungsgebiet (*Domäne*) abhängt [KOBS93, S. 153].

Neben der im folgenden dargestellten Erhebungstechnik unterscheiden sich die einzelnen Modelle durch die Art der getroffenen Annahmen über den zukünftigen Benutzer. Je nach Zielsetzung des Benutzermodells treffen sie üblicherweise einzelne oder mehrere Annahmen [KOBS93, S. 154]. Dazu zählen bspw. vorhandenes oder fehlendes Wissen des Benutzers, Ziele und Pläne des Benutzers, Benutzerpräferenzen, Benutzerfähigkeiten, Benutzermißverständnisse und -fehler. Sämtliche Modelle können grundsätzlich über integriertem oder separaten Informationserwerb verfügen (vgl. 4.4 Inhalte und Informationserwerb)

Abbildung 4-5: Klassifizierung nach Art der Erhebungstechnik, aus [BODE92, S. 240]

Als Hauptgruppen können zuordnende, vergleichende und analysierende Modelle unterschieden werden.

4.6.1 Zuordnende Modelle

Zuordnende Modelle gehen davon aus, daß sich bestimmte Merkmalsausprägungen des Benutzers in ein vorgegebenes Muster einordnen lassen. Je nach ihrem Einordnungsaufwand können skalare, parametrische und Stereotypen-Modelle unterschieden werden.

4.6.1.1 Skalare und parametrische Modelle

Skalare Modelle bilden einzelne Merkmalsausprägungen ab und weisen dem Benutzer dann ein Benutzermodell zu, welches er nicht modifizieren kann. Zu Beginn wird nur eine einzige Ausprägung als Determinante für die gesamten Benutzerausprägungen gewählt [SLEE85, S. 72].

Der Vorteil von skalaren Modellen liegt darin, daß sich das Benutzermodell nur auf eine oder wenige Merkmalsausprägungen beziehen muß, um dem Benutzer ein Modell zuzuweisen. Der Umfang der Datenhaltung und Datenakquisition bleibt gering; das System wird dadurch nicht belastet.

Gravierender ist jedoch der Nachteil, daß sich ein Benutzer nicht nur durch eine einzige oder einige wenige Merkmalsausprägungen beschreiben läßt. Des weiteren bleiben skalare Modelle in Bezug auf ihre Adaptionsfähigkeit beschränkt, da dem Benutzer in seinem Benutzermodell eine vorgefertigte und nicht veränderbare Umgebung zur Verfügung gestellt wird.

Werden die Merkmalsausprägungen zu Merkmalsgruppen geordnet und in vorgegebenen Wertebereichen zusammengefaßt, handelt es sich um *parametrische Modelle*. Stellen die aus Merkmalsgruppen erzeugten Vektoren Benutzerausprägungen dar, auf die das System entsprechend mit Anpassungen oder Anpassungsvorschlägen reagieren kann und wird zusätzlich ein Sicherheitskoeffizient berücksichtigt, können die Ausprägungen gewichtet werden und so dem Benutzer ein wahrscheinlich zu seiner momentanen Situation treffender Anpassungsvorschlag unterbreitet werden [VASS90, S. 203].

Vorteil dieser Vorgehensweise ist, daß in Vektorräumen der möglichen Benutzerausprägungen eine Benutzergruppe identifiziert werden kann. Parametrische Modelle stellen so eine Grundform für Stereotypen-Modelle dar. Die Zuordnung eines einzelnen Benutzers zu einer Benutzergruppe ermöglicht die Erweiterung des Vektorraumes für Ausprägungen, die dann wiederum neuen Benutzern als Identifikation zur Verfügung gestellt werden können.

Problematisch an dieser Vorgehensweise ist, daß der Benutzer erst eine Zeit mit dem System gearbeitet haben muß, um dem System die Parametrisierung der einzelnen Merkmale zu ermöglichen, was bei zeitkritischen Abfragen neuer Benutzer Verzögerungen mit sich bringt.

4.6.1.2 Stereotypen-Modelle

4.6.1.2.1 Statische Stereotypen

Probleme bei zuordnenden Benutzermodellen treten vor allem in der Anfangsphase des Einsatzes auf. Das Benutzermodell muß erst durch die Akquisition von Benutzerdaten gefüllt werden. Wird dann ein skalares oder parametrisches Modell als kurzfristiges Benutzermodell realisiert, werden in kurzen Sitzungen die notwendigen Informationen nicht schnell genug ermittelt und der Nutzen des Benutzermodells wird verfehlt [RICH83, S. 207]. Eine Erweiterung der zuordnenden Modelle stellt das Stereotypen-Modell von RICH dar.

Allgemein kann ein Stereotyp definiert werden als „(...) simply a view of capturing some of the structure that exists in the world around us" [RICH83, S. 208]. Ein Stereotyp repräsentiert eine Menge von Benutzereigenschaften (*traits*), welche als Sammlung von Attributsausprägungen verstanden werden kann. Diese Form der Sammlung von Benutzereigenschaften stellt keine unveränderliche Reihenfolge dar. Vielmehr werden schon in der Entwicklungsphase Eigenschaften zusammengestellt, die bei vielen Benutzern parallel auftreten und miteinander korrespondieren [RICH83, S. 208]. Ändern sich die vorgegebenen Eigenschaften durch das Benutzerverhalten bzw. durch einen Benutzerwunsch, wird automatisch eine Funktion (*trigger*) aktiviert, die die entsprechende Systemreaktion auslöst. Der Benutzer kann das für ihn und seine Ziele geeignete Modell auswählen, jedoch nicht einzelne Eigenschaften aus unterschiedlichen Stereotypen kombinieren.

Stereotypen, die auch Eingang in kommerzielle Programme fanden, nehmen Anpassungen des Systems an den Erfahrungshorizont des Benutzers vor (Abbildung 4-6).

Abbildung 4-6: Benutzerentwicklung im Zeitablauf

Benutzer können in Stereotypen Laien, Anfänger, Fortgeschrittene und Experten eingeteilt werden [BODE92, S. 242]. Diese Formen von Stereotypen werden als Benutzerprofile bezeichnet.

Dabei kann ein *Laie* als derjenige umschrieben werden, der weder Wissen über die Anwendung noch über das Computersystem als solches besitzt. Dem *Anfänger* ist lediglich die Anwendung unbekannt, in der Bedienung des Computersystems ist er sicher. *Fortgeschrittene* und *Experten* besitzen im unterschiedlichen Maße Wissen über die Anwendung und das Computersystem.

Diese recht grobe Einteilung kann durch weitere Verfeinerungen den einzelnen Benutzergruppen besser angepaßt werden. So kann bspw. zwischen dem Status Anfänger und Fortgeschrittener ein Stereotyp Geübter gestellt werden. Wie fein die Abstufung wird, ist im Entwurfsprozeß festzulegen. Denkbar ist eine unendliche Anzahl an Zwischenstufen. So unterscheidet HÜTTNER alternativ fünf Benutzergruppen: Benutzer ohne Vorkenntnisse, Anfänger, Fortgeschrittene, Routinebenutzer, Experten [HÜTT95, 8, S. 9].

Bei der Festsetzung von Benutzerprofilen ist konzeptionell unklar, wo der Anfänger/Laie beginnt - ob bei Unwissenheit über die Anwendung/System oder bei Unkenntnis über die Bedienung der Tastatur - und wo die Definition eines Experten endet. Experte könnte derjenige sein, der das Anwendungsprogramm sehr gut kennt oder der Programmierer, der das Anwendungsprogramm erstellt hat.

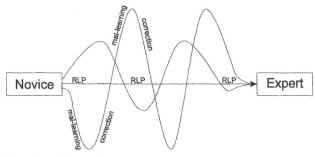

RLP = Required Learning Path

Abbildung 4-7: Interactive Learning, aus: [BARK94, S. 8]

Der Ansatz der Benutzerprofile berücksichtigt nur die Entwicklung des Benutzers vom Anfänger/Laien zum Experten. Hierbei werden menschliche Schwächen, wie Vergessen oder falsches Anwenden richtigen und vollständigen Wissens, vernachlässigt. Beispiele für Entwicklungslinien vom Anfänger zum Experten in einer zweigeteilten Skala zeigt (Abbildung 4-7). Der ideale Weg ist eine Gerade zwischen beiden Zuständen; die tatsächliche Entwicklung verläuft jedoch in unterschiedlich stark schwankenden Abweichungen vom Idealweg, die richtiges und falsches Lernen sowie das Vergessen beschreiben [BARK94, S. 8f.]

Problematisch bei statischen Stereotypen ist, daß die Änderung dynamischer Informationen nicht berücksichtigt werden kann. Ein einmal gewählter Stereotyp bietet dem Benutzer keine anderen Systemfunktionen als die, die ihm durch den gewählten Stereotyp zur Verfügung gestellt werden.

4.6.1.2.2 Dynamische Stereotypen

Die Berücksichtigung dieser sich laufend ändernden Parameter bedürfen eines dynamischen Systems, welches sein Verhalten an die sich ändernden Parameter anpassen kann. Daher stellt RICH einen erweiterten, dynamischen Stereotypenansatz vor [RICH83].

Aus einer Sammlung von Benutzermerkmalen wird zu Beginn einer Sitzung ein Standardmodell ausgewählt, welches während des Sitzungsverlaufes spezifiziert werden kann, um daraus selbständig neue Stereotypen für neue Benutzer zu erzeugen.

Diese Vorgehensweise bringt zwei entscheidende Vorteile. Zum einen ist die Störung des Benutzers durch ständige Systemanfragen vor allem zu Sitzungsbeginn gering. Das

System ist bereits im Besitz von Merkmalsausprägungen, die dem Benutzer ohne weitere Mitwirkung angeboten werden. Verweilt der Benutzer nur kurz im System, wird er nicht mit einer langwierigen Merkmalsakquisition zur Füllung des Benutzermodells in seiner Interaktion behindert. Nimmt der Benutzer individuelle Einstellungen seiner Arbeitsumgebung im System vor, so werden sie ihm bei einem erneuten Anwendungsstart sofort angeboten.

Zum anderen kann ein bei der ersten Sitzung gewähltes Standardmodell während der laufenden und allen weiteren Sitzungen sukzessive ausgebaut werden. Die Variabilität der Stereotypen-Eigenschaften kann ausgenutzt und ein individuelles Benutzermodell erzeugt werden. Der Vorteil gegenüber statischen Modellen liegt darin, daß der Benutzer aus den Komponenten unterschiedlicher Ausprägungen sein individuelles Modell zusammenstellen kann, ohne aus den angebotenen Fixmodellen wählen zu müssen, die ihm gewünschte Funktionen evtl. nicht bieten.

Die in dieser Vorgehensweise beinhaltete Berücksichtigung von vorhandenem Benutzerwissen über ein Fachgebiet (*Apriori-Wissen*) erleichtert die Interpretation des Benutzerverhaltens und die darauf aufbauenden Schlüsse für die Systemsteuerung [BODE90, S. 132 ; JÄRV93, S. 4f.]. Des weiteren stellt das bereits vorhandene Wissen eine wichtige Größe im Lernprozeß dar [DOCH94, S. 235].

4.6.2 Vergleichende Modelle

Vergleichende Modelle versuchen Übereinstimmungen des Benutzerverhaltens mit vorgegebenen Werten zu erkennen, und bei Abweichungen die Ursache dieser Diskrepanzen zu analysieren [LUST92, S. 102]. Diese Art von Modellen geht über reine zuordnende Modelle hinaus, da sie versuchen, die im Zeitablauf auftretenden Veränderungen auf Seiten des Benutzers abzubilden und mögliche Schwächen auszugleichen.

Vergleichende Modelle bedienen sich zweier grundsätzlicher Techniken: Der Überlagerung oder der Abweichung des Benutzerverhaltens gegenüber einem vorgegebenen Modell. Um Übereinstimmungen mit vorgegebenen Werten zu erkennen, greifen beide Techniken auf eine gemeinsame Wissensbasis zurück. Die hinterlegte Wissensbasis besteht aus Fakten und Regeln, die für die entsprechende Domäne spezifisch sind. Da sie für jede Domäne gesondert zu definieren sind, ist es notwendig, daß die hinterlegte Wissensbasis zerlegt werden kann, um somit kleine Teilmengen der Wissensbasis als Benutzerwissen abbilden zu können.

Überlagerungsmodelle (*overlay models, subset models*) untersuchen, inwieweit sich das Benutzerwissen mit dem Expertenwissen der Domäne deckt. Werden Abweichungen aufgedeckt, wird versucht, diese durch die Präsentation notwendigen Wissens zu reduzieren.

Eine komplementäre Vorgehensweise stellen *Abweichungs-* oder *Differentialmodelle* (*deviation models*) dar. Sie stellen nicht das vorhandene Wissen, sondern die Wissensdefizite des Benutzers fest. Dabei ist nicht nur die korrekte Vorgehensweise, sondern auch mögliches Fehlverhalten und Fehler in Form einer Fehlerbasis hinterlegt.

Die Erstellung von Überlagerungsmodellen wird regelmäßig leichter gelingen als die von Differential- oder Abweichungsmodellen, da mit zunehmender Komplexität der Domäne mögliche Fehler und mögliches Fehlverhalten überproportional steigt [BODE90, S. 133].

4.6.2.1 Zielverhaltensmodelle

Wird während der Systementwicklung ein Zielkonzept vorgegeben, das der Benutzer anwenden muß, um sein Ziel zu erreichen, so kann bei Nichterreichen von Zwischenzielen das Wissen des Benutzers mit dem notwendigen Wissen der Zwischenziels verglichen und bei Abweichungen entsprechende Systemreaktionen erzeugt werden. Problematisch ist hierbei das im System abgelegte Referenzmodell, da die möglichen Benutzerziele während des Systementwurfes nur eingeschränkt bekannt gewesen sein können. Ein weiterer Nachteil ist der Anspruch des Systems bezüglich des zu wählenden Weges. Beschreitet der Benutzer einen anderen als den vorgesehenen Weg, so provoziert er auch bei einem rationellerem Weg Fehlermeldungen des Systems, was nicht ohne Folgen bei der Bewertung der Benutzungsfreundlichkeit bleiben wird.

4.6.2.2 Fehlverhaltensmodelle

Ein konträrer Ansatz zu Zielverhaltensmodellen ergibt sich, wenn man anstelle des Wissens die Fehler des Benutzers auswertet.

Einmal kann eine Fehlerwissensbasis im System hinterlegt werden, die dann mit dem Fehlverhalten des Benutzers verglichen werden kann und entsprechende Systemreaktionen aktiviert (*enumarative bug model*).

Zum anderen kann eine Fehlerbibliothek des Benutzers durch das System erzeugt werden (*generative bug model*), wobei die Entstehung von Fehlern noch durch ein theoretisches Modell zu klären bleibt.

Grundlage dieser Modelle bildet im System hinterlegtes Expertenwissen. Das Benutzerwissen ist nur ein Teilbereich des Expertenwissens, und der Benutzer begeht dann Fehler, wenn sein Wissen falsch oder aber richtig und unvollständig im Vergleich zum Expertenwissen ist. Dabei werden Fehler allgemein als Abweichungen vom Expertenwissen beschrieben [LUST92, S. 102f.].

Eine Alternative stellen Störungsmodelle (*pertubation models*) dar, die versuchen, die Fehler im mentalen Modell des Benutzers zu analysieren. Es wird angenommen, daß der Benutzer nur deshalb einen Fehler macht, weil er richtiges Expertenwissen systematisch verändert. Die Fehlerquelle liegt also in der falschen Anwendung richtigen und vollständigen Expertenwissens.

Beide Formen von Fehlverhaltensmodellen wurden bereits umgesetzt [LUST92, S. 103]. Dabei ist festzustellen, daß sie fast ausschließlich in Bereichen der Grundlagenmathematik, der Unterweisung stark strukturierter Programmiersprachen oder dem Vokabeltraining von Fremdsprachen Anwendung finden [CLAN86, S. 396; FUM88, S. 94; BIRE95, S. 507]. Grund für diese eingeschränkte Nutzung ist, daß die einzelnen Lösungsschritte stufenweise entsprechendes Wissen voraussetzen und strukturiert zerlegt werden können [BODE90, S. 112]. Ein Vergleich mit dem hinterlegten Expertenwissen offenbart somit die entsprechenden Fehlerquellen, auf die der Benutzer dann explizit hingewiesen werden kann.

Die implementierten Fehlermodelle leiden jedoch daran, daß ihre Algorithmen und Heuristiken nur domänenspezifisch gelten und sie die Entstehung von Fehlern sowie Fehler im mentalen Modell des Benutzers nicht erklären [LUST92, S. 104].

4.6.3 Analysierende Modelle

Analysierende Modelle existieren bisher nur in prozeduralen Ausprägungen. Sie versuchen nicht nur die Folgen aus Fehlern, sondern die Denkprozesse zu analysieren, die zum Fehlverhalten führen [BODE92, S. 244]. Dazu sind jedoch bisher nur vage Denkansätze konzipiert worden, die auch psychologische Modelle wie bspw. Lernkurven und Vergessensmodelle einbeziehen [SPAL90, S. 130].

Das Modell von WINKELS berücksichtigt in einfacher Weise ein Vergessensmodell [WINK90, S. 190]. Dabei wird durch eine einfache mathematische Funktion, in Abhängigkeit von der seit der letzten Sitzung vergangenen Zeit, der Grad des Vergessens festgelegt [WINK90, S. 190].

Diese Funktion eignet sich ohne Einbeziehung weiterer Parameter über den individuellen Benutzer meines Erachtens nicht, um in sinnvoller Weise dem Vergessen Rechnung zu tragen. Eigenheiten des Benutzers werden hierbei in keiner Weise berücksichtigt.

4.7 Einfluß von Techniken der Künstlichen Intelligenz

Die Werte in den vorgestellten Erhebungstechniken stellen keine disjunkten Werte dar, sondern überlagern sich bzw. sind unscharf [BODE92, S. 240f.]. Es sind auch sich widersprechende Ausprägungen denkbar. Um diese unterschiedlichen Werte zu verarbeiten, verwenden einige realisierte Systeme Methoden der Künstlichen Intelligenz *(KI)*.

Dabei soll hier nur kurz auf die Methoden der Expertensysteme, der neuronalen Netze und der Fuzzy-Logik eingegangen werden.

4.7.1 Expertensysteme

Expertensysteme *(expert systems, XPS)* bezeichnen Informationssysteme, die ein fachspezifisches Wissen einer Domäne informationstechnisch verfügbar machen. Sie bestehen aus einer Wissensbasis und einer Inferenzkomponente [HANS92, S. 452]. Das Domänenwissen wird vom Systemanalytiker oder Autor zusammengestellt und in einer Datenbankstruktur abgelegt. Die Inferenzkomponente löst aufgrund der fakten- und regelbasierten Wissensbasis die vom Benutzer geforderten Abfragen. Dabei greift sie auf unterschiedliche informatorische und mathematische Verfahren zurück [DESM88, S. 209f.; LUST92, S. 100f.].

Die Problematik von Expertensystemen liegt darin, daß nicht nur domänespezifische Fakten und Regeln aufzustellen sind, sondern Wissen einem bestimmten Abstraktionsgrad und konzeptionellen Modell auch zuzuführen und geeignet rechnerintern abzulegen ist.

Oftmals steht der Entwicklungsaufwand von Expertensystemen im Mißverhältnis zum Nutzen aus denselben [THOM90, G 3, S. 3].

Wissensbasen in Form von Expertensystemen werden in unterschiedlichen Systemen verwandt. So basieren Überlagerungs- und Differentialmodelle grundsätzlich auf Wissensbasen der entsprechenden Domänen, wie im System von SLEEMAN [SLEE85].

Die Integration eines Expertensystems in eine hypermediale Umgebung zeigt LINSTER [LINS90]. Jedoch sind auch hier die Beschränkungen der Überlagerungs- und Differentialmodelle auf eine allgemeingültige Anwendung nicht überwunden, damit ist eine Nutzung für hypermediale Informationssysteme nur in kleinsten Bereichen möglich.

4.7.2 Neuronale Netze

Neuronale Netze basieren auf dem Versuch der Nachbildung des menschlichen Gehirns und seiner Gehirnzellenverbindungen (*Synapsen*) [HANS92, S. 458]. Dies resultiert aus der Überlegung, daß zwar elektronische Bausteine in Computersystemen sequentielle Informationen schneller als das menschliche Gehirn verarbeiten, jedoch die massive parallele Informationsverarbeitung im menschlichen Gehirn erheblich über den Verarbeitungsmöglichkeiten des Computers liegt [MUNR94, S. 37]. Innerhalb dieses Netzes können Informationen durch die Aktivitäten eines Knotens (Gehirnzelle) oder einer Gruppe von Knoten repräsentiert werden. Das selbstlernende neuronale Netz basiert auf Beispieldateien und Lernalgorithmen und lernt so weitgehend ohne konventionelle Programmierung [MCEN94, S. 81].

Im Rahmen der Mensch-Maschine-Interaktion sollte das System erkennen können, wie sich der Benutzer verhält und ihm anhand der bereits gemachten Erfahrungen effiziente Unterstützung in jeglicher Form anbieten.

Die Kombination von hyperbasierten Ansätzen mit neuronalen Netzen ist inzwischen als Prototyp realisiert [LANG94a; LANG94b].

4.7.3 Fuzzy-Logik

Fuzzy-Methoden stellen mathematische Verfahren zur Betrachtung unscharfer Mengen dar [BAND93, S. 18f.]. Die Entwicklung von Fuzzy-Methoden ergab sich aus der Tatsache, daß sich viele technische, ökonomische oder chemische Prozesse nicht mit Mitteln der klassischen Mathematik beschreiben lassen, da ihre Prozeßwerte als solche entweder einer Messung nicht zugänglich sind (z.B. bei physikalischen oder chemischen Prozessen) oder für Kenngrößen (z.B. Geschmack, Geruch oder Wissen) nur ordinale Meßskalen vorliegen [BAND93, S. 10].

Auch im Bereich der Informationsverarbeitung wurde mit Mitteln von Fuzzy-Methoden versucht, unscharfe und qualitative Informationen unter unmittelbarer Nutzung von Ausdrucksmitteln der Umgangssprache zu verarbeiten [BAND93, S. 16]. Im Rahmen der Mensch-Maschine-Interaktion werden vorrangig exakt definierte Variablen oder Zugehörigkeitswerte zu bestimmten Gruppen durch „elastische" Beschränkungen ersetzt, welche dann die Speicherung und Verarbeitung unscharfer Informationen ermöglichen sollen. Diese Vorgehensweise wird als Fuzzy-Logik oder approximatives Schließen bezeichnet [BAND93, S. 16].

Ein auf Fuzzy-Logik basierendes Lernunterstützungssystem stellt PANAGIOTOU vor [PANA94, S. 245f.]. Dabei ist jedoch anzumerken, daß sich die Unterstützung des Lernenden nur auf drei Eigenschaften (Lerngeschwindigkeit, Wissensstand und Aufmerksamkeit) bezieht, was in der Schlußfolgerung problematisch ist. So soll bspw. die Aufmerksamkeit des Lernenden von der durchschnittlichen Antwortzeit pro Frage abhängen [PANA94, S. 247].

4.8 Integration in Informationssysteme

Die Integration eines Benutzermodells in ein hypermediales Lehr-/Lernsystem unterstellt die Unterscheidbarkeit des Studentenmoduls (vgl. 3.1 Aufbau von Informationssystemen) und so des Benutzermodells zu anderen Modulen des Systems [BODE92, S. 235].

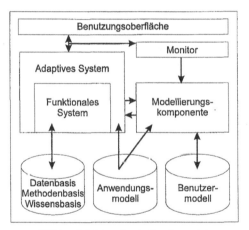

Abbildung 4-8: Integration des Benutzermoduls,
aus: [BODE92, S. 235]

Die einzelnen Bausteine des Systems sollten weitgehend unabhängig voneinander sein, damit Anpassungen durch den Entwickler, bzw. im Betrieb durch das System, problemlos vorgenommen werden können. Die Integration einer Benutzerkomponente in ein hypermediales Informationssystem und die Kommunikation zwischen den einzelnen Bausteinen verdeutlicht (Abbildung 4-8).

5 Konzeptionelle Vorüberlegungen und theoretische Umsetzung

Die in den letzten Jahren eingetretene Änderung des Verständnisses computerunterstützter Lehr-/Lernsysteme führte zu einer Erweiterung der Lerntheorien, in denen der Lernende nicht mehr als „Auswendiglerner" eines elektronischen Tutors angesehen, sondern als aktiver Teil des Lernprozesses verstanden wird [DEJO94, S. 134]. Diese Erkenntnisse führten zu neuen Lernformen, wie entdeckendes Lernen (*scientific discovery learning*) oder versuchendes Lernen (*exploratory learning*). Bei diesen Lernmethoden bekommt der Lernende keine starren Inhalte präsentiert, sondern er ist eingeladen, selbst die wichtigen und interessanten Fakten, Konzepte und Beziehungen in der Domäne zu erkunden [DEJO94, S. 134].

Dabei verstärkt sich die Erkenntnis, daß die neuen Lernformen die vorhandenen Kenntnisse des Lernenden zutreffender berücksichtigen als die unreflektierte und vom momentanen Wissensstand des Lernenden abstrahierende Präsentation starrer Lerninhalte. Begleitend wird die leichtere Verbindung zur bisherigen Wissensbasis und Festigung des Lerninhaltes postuliert [DEJO94, S. 134f.].

Verändertes Lernverhalten sollte zu veränderten Unterstützungsmechanismen des Lernenden durch die Lernumgebung führen.

Nicht starre Navigation in buchähnlicher Form auf vorgegebenen Lernwegen unterstützt das entdeckende Lernen, sondern die Freiheit, interessante Gebiete auch jenseits eines vorgeschlagenen Lernweges zu erkunden. Das System muß die dazu notwendigen Unterstützungsmechanismen zur Verfügung stellen. Das Weiterkommen im Lernstoff darf ebenfalls nicht durch die zwingend notwendige Beantwortung von Fragen oder Tests behindert werden, was jedoch nicht den Verzicht dieser Lernmethode bedeuten soll. Vielmehr soll der Lernende selbst entscheiden, welche Lernform er wann benutzen möchte. Das System muß jedoch Standardeinstellungen anbieten, die sicherstellen, daß ein sinnvolles Lernen auch ohne umfangreiche Benutzereinstellungen möglich ist. Ebenso unterstützt auch der Einsatz multimodaler Techniken - an Orten, an denen sie sinnvoll sind - die Erschließung und das Verständnis neuen Lernstoffes.

5.1 Mögliche Verwendung von Benutzermodellen

Die beschriebenen Auswirkungen des geänderten Lernverhaltens sollten sich bei der Systementwicklung und in der Nutzung widerspiegeln. Als ein vielversprechender Ansatz erscheint dabei die Verwendung von Benutzermodellen.

Benutzermodelle sollen dem Benutzer individuelle Hilfen und Möglichkeiten zur Verfügung stellen, das System auf seine Bedürfnisse einzurichten. Besonders bei hypermedialen Informationssystemen, bei denen der Lerngedanke im Vordergrund steht, ist eine Individualisierung vor allem der präsentierten Lerninhalte zur aktiven Lernunterstützung notwendig. Ein hypermediales Informationssystem sollte dem Lernenden genau die Informationen präsentieren, die zur Vervollständigung seines Wissens fehlen. Dabei sollte auf Präsentationsformen abgestellt werden, die dem Lernenden die Inhalte am einprägsamsten vermitteln.

Weiterhin muß ein Informationssystem so mit Funktionen und Inhalten gefüllt werden, daß beim erstmaligen Kontakt des Benutzers mit dem System eine Funktionsfähigkeit auch ohne umfangreiche Dateneingaben möglich ist (vgl. 4.6.1.2.1 Statische Stereotypen).

Neben den Wahlmöglichkeiten bezüglich Inhalten und Präsentationsformen, ist eine Anpassung der Oberfläche des Anwendungssystems an die Bedürfnisse des Anwenders wünschenswert [MONT93, S. 318]. Dazu zählen neben Unterstützungswerkzeugen zum erfolgreichen Lernen auch zu- und abschaltbare Browser, Navigationshilfen oder zusätzliche Systeminformationen.

5.2 Lösungsansatz

Auch in hypermedialen Informationssystemen bleibt das Problem der Individualisierung des Systems auf die Belange des Anwenders bestehen. Es wird sogar noch verstärkt, wenn der Anwender Systeme zur eigenen Lernunterstützung einsetzt und seinen Lernstil im System abgebildet sehen möchte. Muß sich der Lernende mit seinem Lernverhalten jedoch an das Lernsystem anpassen, kann es zu einer Ablehnung des Systems kommen. Der Lernende wird vermutlich dann eher auf die vermeintlichen Vorzüge des Systems verzichten.

Autoren herkömmlicher Anwendungssysteme nutzen die Möglichkeit, daß bei Benutzern z.T. identische Ziele und Lösungswege auftreten (vgl. 4.2 Ziele und Aufgaben). Sie bilden aus den gemeinsamen Zielen und Lösungsstrategien Benutzergruppen und entwickeln daraus für jede Benutzergruppe ein adaptives System. Je nachdem, zu welcher

Benutzergruppe sich der Anwender zählt, paßt sich das System in seinem Verhalten und seinen Funktionen an.

Diese Vorgehensweise kann auch bei der Benutzermodellierung in hypermedialen Informationssystemen genutzt werden. Allerdings verdoppelt sich bei diesen Systemen der Aufwand zur Gruppenbildung, da diese Systeme einerseits nach einer Anpassung der Benutzungsoberfläche und Systemfunktionen, und andererseits nach Anpassung der unterschiedlichen Präsentationsformen und Lernstile verlangen.

Analysiert man zusätzlich das Lernverhalten und die Darstellungspräferenzen bei Lernenden, so sind Unterschiede bei der Präsentationsform, den Lernintentionen, der Stoffdetaillierung, den Kontextinformationen und der Informationssuche zu beobachten. Es können also grundsätzlich auch auf diesem Gebiet Benutzergruppen gebildet werden.

Die Einteilung von Benutzern in Benutzergruppen hat allerdings den Nachteil, daß für sämtliche Kombination jeweils eine eigene Benutzergruppe zu definieren ist, für die dann bestimmte Funktionen festgelegt oder ggf. entwickelt werden müssen. So müßten Gruppen gebildet werden, bei denen kleinste Abweichungen, im Hinblick auf eine andere Gruppe, zu einer jeweils neuen und eigenständigen Benutzergruppe führen würden. Ebenso müßten für alle möglichen, wenngleich z. T. unwahrscheinlichen Lernverhaltenskombinationen Lösungen angeboten werden, auch wenn viele von ihnen in praxi niemals von einem Benutzer gewünscht werden würden.

Sinnvoll wäre es, für jedes identifizierte Benutzerverhalten einen Typus zu bilden und zusammengehörige Typen erst im Laufe des Systembetriebs zusammenzufassen. Die Zusammenstellung entsprechender Präferenzmuster erfolgt erst dann, wenn ein Benutzer mit gerade dieser Kombination das System in Betrieb nehmen möchte.

Für Entwicklung und Wartung bringt es den Vorteil, daß jeweils nur überschaubare Bereiche bearbeitet werden müssen, ohne daß es zu unvorhergesehenen Auswirkungen auf andere Teile einer komplexen Benutzergruppe kommt. Die neue oder überarbeitete Komponente steht dann für alle sie verwendenden Benutzer zur Verfügung. Andere Benutzer erkennen trotz der Überarbeitung keine Veränderung am System.

An dieser Stelle soll auch die Update-Problematik nicht unerwähnt bleiben. Die Einführung oder Korrektur von Funktionen oder Benutzergruppen kann auf die tatsächlich geänderten Bereiche beschränkt werden, ohne das Gesamtsystem austauschen zu müssen, was sich auf den rein physikalischen Umfang der Korrekturen positiv auswirken wird.

Um die Probleme der Benutzergruppen und des Updating zu minimieren, können die Präferenzen der Benutzer, bezüglich Lern-, Präsentationsstil und Systemverhalten, in einzelne kleine Aspekte zerlegt werden. Ähnliche Aspekte werden in Stereotypen zusammengefaßt. Der Benutzer wählt einen vorgefertigten Stereotypen aus, um ihn entweder unverändert zu übernehmen oder ihn gemäß seinen Vorstellungen zu modifizieren.

Dieser Ansatz führt zu einem flexiblen System, in dem der Benutzer nach seinen Bedürfnissen immer wieder ein aktuelles, persönliches System aufbauen kann. Er ist kein Teil einer fixierten Benutzergruppe, sondern ein eigenständiges Individuum im System. Dabei wirkt sich die Individualisierung, neben den reinen Systemfunktionen, auch auf die Präsentationsformen und die Stoffauswahl aus.

Die spätere Einführung verfeinerter Stereotypen ist problemlos, da nur kleine Bereiche des Gesamtsystems in ihrem Verhalten verändert werden müssen. Erst wenn der Benutzer die neuen Funktionen nutzen will, wird sein individuelles Benutzermodell geändert. Positiver Nebeneffekt ist, daß bei einer Modifikation nicht die gesamte bisher bestehende Datenbasis des Benutzers verändert werden muß. Neue Funktionen würden zwar neue Datenakquisitionen nach sich ziehen, sie würden jedoch erst im Verlauf der dann folgenden Sitzungen sukzessive in den bestehenden Datenbestand eingefügt werden.

Die Problematik der leeren Benutzermodelle wird durch die Stereotypenbildung ebenfalls vermieden. Der Benutzer kann ohne große Verzögerungen das System nutzen, da standardisierte Ausprägungen bereits in Stereotypen abgelegt sind und in das System beim erstmaligen Start übernommen werden können. Aufgabe des Benutzers ist es, seine Präferenzen auszuwählen und sein individuelles Benutzermodell zu füllen. Die Ausprägungen werden aus einem Stereotypen in sein Benutzermodell übernommen. Wünscht der Benutzer andere Einstellungen als die im Stereotypen vorgesehenen, kann er jede einzelne Ausprägung dann schon in seinem individuellen Benutzermodell modifizieren, ohne daß dadurch der Inhalt eines Stereotypen selbst geändert wird. In späteren Sitzungen erhobene Daten werden dann ebenfalls im Benutzermodell abgelegt.

Der skizzierte Lösungsansatz kann als individualisierte Stereotypenlösung bezeichnet werden. Er vereint die Vorzüge dynamischer Stereotypen mit vom Benutzer gewünschter Individualisierung. Dem Benutzer können so die für seinen Wissensstand nötigen Informationen bereitgestellt werden, ohne umfangreiche Analysen mit Werkzeugen der Künstlichen Intelligenz durchführen zu müssen. Der Verzicht auf Techniken der Künstlichen Intelligenz führt zu einer höheren Systemperformance, die durch heutige KI-gestützte Systeme nicht zu leisten ist (vgl. 7.2 Einsatz von Techniken der Künstlichen Intelligenz).

5.3 Problematik der Stereotypenbildung

Um umfassend gültige Stereotypen zu bilden, müßten umfangreiche Versuche mit Testpersonen an einem Prototypen durchgeführt werden. Die Ausprägungen in den Stereotypen können sich in Feldversuchen von den Vorstellungen des Entwicklers derart unterscheiden, daß sich - im Extremfall - die gebildeten Stereotypen in der praktischen Anwendung nicht bewähren.

Im Rahmen dieser Diplomarbeit ist eine umfangreiche Ermittlung von Stereotypen zeitlich nicht möglich, so daß hier die Stereotypenbildung nur auf das mentale Modell des Entwicklers über die späteren Benutzer beschränkt bleibt.

Die Ausrichtung auf standardisierte Entwicklungswerkzeuge ermöglicht jedoch die nachträgliche Anpassung von Stereotypen durch Feldversuche. Dabei gewonnene Erkenntnisse können problemlos in das Konzept eingefügt werden. Ebenso ist eine Verfeinerung der Stereotypen ohne großen Aufwand möglich, da die auf Relationen basierende Stereotypen-Datenbank durch zusätzliche Datensätze ergänzt werden kann.

5.4 Benutzerseitige Stereotypen

Um von einer starren, vorgegebenen Lernstoffpräsentation zu einer individuell angepaßten Darstellung zu gelangen, sind eine Vielzahl an Informationen nötig. Sie können in zwei Hauptgruppen unterteilt werden:

Zunächst sind Informationen über den Benutzer selbst notwendig, um ihm aufgrund seiner Präferenzen, seiner Vorbildung und seinen Interessensgebieten individuelle Lernstoffpräsentationen zu ermöglichen (*Benutzerseitige Stereotypen*). Diese Informationen können in die zwei Untergruppen, Informationen über den Lernbereich und Informationen über das gewünschte Systemverhalten, unterteilt werden.

Die zweite Hauptgruppe stellt Informationen auf Systemseite dar, da sie eine Informationsauswahl nach den Benutzerpräferenzen überhaupt erst zulassen muß (*Systemseitige Stereotypen*). Hier kommt die Zweiteilung des Prototypens zum Tragen: Damit eine Auswahl getroffen werden kann, sind zunächst entsprechende Klassifizierungen der Inhalte auf Autorenseite notwendig.

Bei benutzerseitigen Stereotypen besteht die Stereotypen-Datenbank aus zwei Relationen, die einerseits das Benutzerwissen über das System selbst, seine Bedienung, die Systemumgebung und seine Adaption (*System-Stereotypen*) und andererseits Kenntnisse über bestimmte Stoffpräsentationen (*Lern-Stereotypen*) berücksichtigen. Somit ist eine Kombination aus allen Benutzer-Stereotypen, system- und lernseitig sichergestellt.

Die Unterteilung der benutzerseitigen Stereotypen verdeutlicht (Abbildung 5-1).

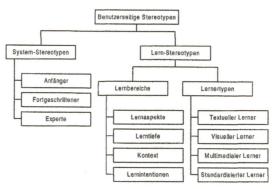

Abbildung 5-1: Benutzerseitige Stereotypen

Aus der bisherigen Darstellung ergibt sich folgende Vorgehensweise: Das Benutzermodell wird zusammengesetzt aus den Stereotypen seines Systemwissens und seinen Darstellungspräferenzen (Abbildung 5-2).

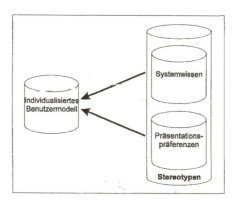

Abbildung 5-2: Füllung des Benutzermodells

Die Funktionsfähigkeit des Systems ist zu Beginn mit Hilfe von Stereotypen gesichert, die Standardausprägungen beinhalten. Vom Benutzer vorgenommene Änderungen der Stereotypeneinstellungen werden dann bereits im Benutzermodell - und nicht in den Stereotypen selbst - gesichert und ergeben so ein individuelles Benutzermodell, welches bei jeder neuen Sitzung verfeinert und komplettiert werden kann.

5.4.1 Zuordnung und Auswahl der System-Stereotypen

Bei der Erstellung der System-Stereotypen wurde die gängige dreiteilige Skala zwischen Anfänger und Experte benutzt (vgl. 4.6.1.2.1 Statische Stereotypen).

Die einzelnen Stereotypen unterscheiden sich hinsichtlich der Voreinstellungen von Systemfunktionen und Hilfen. Je nach Anzahl der Systemnutzungen wird ein Lerner einem Stereotypen zugeordnet. Dabei muß der Lerner jedoch nicht gezwungenermaßen als Anfänger beginnen. Hat er schon Erfahrungen mit dem System gemacht, bspw. an einem fremden Computer, kann er bereits beim erstmaligen Kontakt den Expertenmodus einstellen. Die Funktionen der einzelnen System-Stereotypen zeigt überblicksartig Anhang A, Tabelle 1.

Als *Anfänger* wird derjenige klassifiziert, dessen Sitzungszahl unter fünf Sitzungen liegt. Er bekommt automatisch sämtliche Hilfen zur Verfügung gestellt. Alle realisierten Lernformen und Browser sind aktiviert, spezifische Adaptionsmöglichkeiten sind deaktiviert.

Ein *fortgeschrittener Nutzer* wird bei einer Nutzung zwischen fünf und zehn Sitzungen geführt. Hier verändern sich die Systemfunktionen gegenüber denen des Anfängers. So werden bspw. keine Kurzhilfen mehr zur Verfügung gestellt, Warntöne abgeschaltet und zusätzliche Systemfunktionen aktiviert.

Der *Experte* hat Erfahrungen von über zehn Sitzungen und kann daher auf bestimmte Systemfunktionen, wie bspw. die aktive Hilfe, verzichten.

Beim erstmaligen Aufrufen des Systems wird der Benutzer, da er noch nicht im System registriert wurde, als Anfänger geführt. Nach der Eingabe seiner persönlichen Daten kann er den für sich zutreffenden System-Stereotypen auswählen. Die vorgesehenen Funktionen werden entsprechend aktiviert.

Wechselt der Benutzer nach einigen Sitzungen in einen anderen Stereotypen, werden die zugehörigen Funktionen aktiviert, die der Benutzer bisher noch nicht genutzt hat. Dabei wird jedoch nicht gegen den Willen des Benutzers gehandelt. Es wird ihm vorgeschlagen, deaktivierte Funktionen zu aktivieren bzw. aktivierte Funktionen zu deaktivieren. Lehnt er dies ab, bleiben die bisherigen Funktionseinstellungen bestehen.

Möchte der Lerner bestimmte Funktionen nutzen, die in seinem Stereotypen noch nicht vorgesehen sind, muß er nicht darauf verzichten. Sämtliche Systemfunktionen stehen ihm jederzeit zur Verfügung. Sie unterscheiden sich nur dadurch, ob sie durch einen

Stereotypen beeinflußt werden oder ob der Benutzer selbst Einfluß auf die Systemfunktionalität nehmen will.

Sind ausdrücklich gewünschte Funktionen bei einem Stereotypenwechsel nicht mehr vorgesehen, wird der Benutzer vor einer Änderung befragt, ob er sie weiterhin für nötig erachtet. Mit dieser Vorgehensweise wird der Benutzer nicht vom System bevormundet und kann evtl. zufällig oder unbewußt gemachte Einstellungen durch das System revidieren lassen.

Der Benutzer wächst mit Beginn der Systemnutzung vom Anfänger zum Experten. Bei dieser Vorgehensweise wird jedoch unterstellt, daß der Benutzer bei jeder Sitzung genau den Wissensstand der letzten Sitzung besitzt und darauf aufbaut. Das menschliche Vergessen wird vernachlässigt. Dieser Nachteil innerhalb der möglichen Individualisierung wird hier in Kauf genommen, da entsprechende algorithmierte Vergessensmodelle noch nicht entwickelt wurden (vgl. 4.6.3 Analysierende Modelle).

5.4.2 Lernbereiche

Lern-Stereotypen setzen sich zusammen aus *Lernbereichen* und *Lernertypen*. Die Lernbereiche umfassen die qualitative und quantitative Einteilung des präsentierten Stoffes, während die Lernertypen unterschiedliche Lernarten von Benutzern repräsentieren. Im Rahmen der Lernbereiche soll es dem Lernenden ermöglicht werden, selbst Art und Tiefe des Stoffinhaltes zu wählen, die er in seiner aktuellen Lern- und Wissenssituation benötigt.

Die Aufteilung eines Stoffgebietes erfolgt in die Bereiche *Lernaspekte*, *Lerntiefe*, *Lernintention* und *Kontext*.

5.4.2.1 Lernaspekte

Unter Lernaspekten werden Segmente eines Stoffgebietes unter bestimmten Gesichtspunkten erfaßt. Die Aufteilung ist für die Lerner von Vorteil, die sich, ungeachtet der fachlichen Umgebung, mit einem Schwerpunkt innerhalb eines Stoffgebietes auseinander setzen möchten.

So kann der Lernende *lexikalisches Lernen* wählen, vergleichbar mit der Stofferschließung in einem Lexikon. Der Stoff wird in der kürzesten Form dargestellt. Er enthält vornehmlich Text mit Verweisen auf weiterführende Begriffe und einige wenige Abbildungen.

Die *Theorie* eines Stoffgebietes umfaßt die theoretischen Grundlagen wie Entwicklungen, Modelle oder mathematische Herleitungen. Auf ihr bauen die weiteren Darstellungen der Anwendungsgebiete und Problembereiche auf.

Ist dem Lernenden die Theorie bekannt, so kann er *Anwendungsbereiche und Beispiele* auswählen. Hier wird auf die Darstellung des theoretischen Unterbaus verzichtet, er wird als bekannt vorausgesetzt. Dem Lernenden werden die möglichen praktischen Umsetzungen durch Übungen und Praxisbeispiele erläutert.

Die *Problembereiche* eines Stoffgebietes fassen die Schwierigkeiten bei der Umsetzung von Theorie in Praxis zusammen. Darüber hinaus werden auch Probleme zwischen den Theorien sowie zwischen dem Thema und angrenzenden Themenkomplexen aufgezeigt.

5.4.2.2 Lerntiefe

Jedes Stoffgebiet wird in unterschiedliche Lerntiefen eingeteilt. Dabei wird keine weitere Unterscheidung getroffen, welche Aspekte der Lernende ausgewählt hat. Je nach gewählter Stofftiefe wird dem Lerner der Stoff in quantitativer Hinsicht in allen Facetten, von der Theorie bis zu den Problembereichen, präsentiert. Diese Darstellung ist mit den Detaillierungsstufen des HERMES vergleichbar, bei dem sich der Umfang des dargestellten Stoffes je nach gewählter Stufe ändert. Allerdings stellen die einzelnen Lerntiefen eigenständige Lernpfade dar und bestehen nicht aus Teilmengen eines Vertiefungspfades. In ihnen können zwar Elemente aus anderen Lernpfaden enthalten sein, sie sind jedoch nicht zwingend Bestandteile des Vertiefungspfades.

Eine *Zusammenfassung* des Stoffgebietes führt zu einem Überblick über die Domäne. Dabei werden in kurzer Form sämtliche relevante Informationen vermittelt. Sie beschränken sich dabei nicht nur auf einzelne Aspekte, sondern versuchen, einen ausgewogenen Überblick zu geben.

Das *Grundlagenwissen* stellt ein Basiswissen über das jeweilige Stoffgebiet dar. Theoretische Grundlagen, Anwendungsbeispiele und Probleme werden kurz angerissen, damit der Lernende eine Basis an Informationen bekommt, ohne sich zu deren Verständnis unnötig tief einarbeiten zu müssen. Das Grundlagenwissen kann mit dem Niveau des Kurzpfades im HERMES verglichen werden.

Das *Standardwissen* stellt ein ausgewogenes vertieftes Verständnis der Grundlagen, Zusammenhänge, Anwendungen und Problembereiche im Stoffgebiet dar. Es ist vergleichbar mit dem Wissensstand des Allgemeinpfades im HERMES.

Das *Expertenwissen* repräsentiert das gesamte Stoffgebiet von den begrifflichen Grundlagen bis hin zu Problembereichen und sie berührende Fachgebiete. Es besteht aus dem gesamten Wissen des Autors des Lernpfades. Der Vertiefungspfad im HERMES entspricht in groben Zügen dem Expertenwissen.

5.4.2.3 Lernintention

Je nach Ziel des Lernenden kann die Auswahl von Lernintentionen sinnvoll sein. Hier wird auf die Darstellung der Lernintentionen bei POHL zurückgegriffen [POHL95b, S. 10f.]. Eine Lernintention beschreibt demnach die Absicht des Lernenden bezüglich des Erreichens eines angestrebten Wissensniveaus. Lernintentionen bauen jedoch nicht aufeinander auf, sondern können jeweils einzeln verfolgt werden.

Einprägen, im Sinne von Auswendiglernen, beschreibt das bloße Erinnern an Informationen. Der Lernende ist hier durch eine besondere Anordnung des Stoffes seitens des Autors zu unterstützen bspw. durch viele Testfragen oder Wiederholungen.

Verstehen will der Lernende Beziehungen und Zusammenhänge zwischen Wissensobjekten. Es sind einerseits die reinen Fakten und andererseits auch die Zusammenhänge zwischen den einzelnen Wissensbausteinen vom Autor darzustellen.

Zum *Anwenden* von Wissen werden die entsprechenden Anwendungsbereiche in Beispielen dargestellt. Der Autor hat hier, neben der Darstellung, vor allem Übungen oder Simulationen in die Präsentation einzubinden.

Das *Erschließen* von Wissen, also die Fähigkeit, aus vorhandenem Wissen neue Erkenntnisse abzuleiten, schließt auch die Problem- und Randbereiche des Stoffgebietes ein.

Es ist offensichtlich, daß die Grenzen der Bereiche Lernintention und -aspekte fließend sind. So soll der Benutzer die Möglichkeit erhalten, seine Lernabsichten auf unterschiedliche Weisen artikulieren zu können. Ist ihm bspw. nicht geläufig, daß er lexikalisch lernt, wenn er sich Begriffe einprägen möchte, so kann er eine von beiden Kriterien angeben. Er bekommt zwar nicht identische Seiten zu sehen, kann sich jedoch mit beiden Lernbereichen sehr kurz gehaltene Informationen aneignen.

5.4.2.4 Kontext

Um den Stoffinhalt bewerten zu können, ist zusätzliches Wissen über das Umfeld des Stoffes notwendig.

Der *Themenkontext* bietet dem Lernenden weitergehende Informationen über Randgebiete oder verwandte Bereiche des Stoffgebietes.
Literaturhinweise unterstützen ihn bei der Suche nach weiterführenden Quellen. Da ein Informationssystem kein vollständiges Wissen präsentieren kann und konventionelle Darstellungen ebenfalls zur Stofferschließung beitragen, sollten immer auch weiterführende Hinweise gegeben sein.

5.4.3 Lernertypen

Unterschiedliche Lerner repräsentieren unterschiedliche Lernstile bezüglich der Präsentationsarten. Einige Nutzer ziehen eine rein textuelle Darstellung auch der komplexesten Zusammenhänge vor, während andere Lerner eine bildliche Präsentation mit dynamischer Entwicklung der gleichen Zusammenhänge wünschen.

Zudem muß berücksichtigt werden, daß die Präferenzen der Lerner in Abhängigkeit des Stoffinhaltes stehen und sich folglich bei unterschiedlichen Domänen andere Präferenzen bilden können.

Um den verschiedenen Präsentationswünschen Rechnung zu tragen, wurden im Konzept unterschiedliche Lernertypen aufgestellt. Sie klassifizieren einen Lerner als text-, visuell- oder multimedial-orientierten Lerner. Möchte sich der Benutzer keiner dieser Gruppen selbst zuordnen, kann er auf den Stereotypen „Standardisierter Lerner" zurückgreifen.

Die Auswahl des Lernertypen führt dazu, daß der gewünschte Stoffinhalt gemäß der Einstellung von textuell bis multimedial dargestellt wird.

Eine scharfe Abgrenzung der Medientypen innerhalb der Lernpfade ist jedoch nicht möglich, da die Darstellung mit nur einem Medium, bspw. als reine Videodarstellung, bei den meisten Inhalten nicht möglich sein wird, so daß hier auf sinnvolle Kombinationen der Darstellungsformen zurückgegriffen werden muß.

Der *textuelle Lerner* bevorzugt die Darstellung des Stoffes in schriftlicher Form. Dabei sollen möglichst keine Bilder, Töne, Animationen oder Videos präsentiert werden, die er als störend empfinden würde. Grafiken zur Zusammenfassung und Veranschaulichung der Textdarstellungen sollen erwünscht sein.

Der Typus des *visuellen Lerners* bevorzugt die Präsentation mittels Text, die durch Grafiken, Bilder oder tonlose Animation erweitert wird. Zur Darstellung von dynamischen Prozessen zieht er animierte Entwicklungen von Zusammenhängen vor.

Eine Mischung der Interaktionsformen wird vom *multimedialen Lerner* bevorzugt. Er legt Wert darauf, daß die Informationsvermittlung in sinnvoller Weise durch moderne Präsentationsarten wie hochauflösende Bilder und Fotos, Tonerklärungen, intonierte Animationen oder Videos aufgelockert wird.

Kann sich ein Benutzer einer der Stereotypen nicht zuordnen oder möchte er nicht auf die Dienste des Benutzermodells zurückgreifen, kann er den *Standardisierten Lerner* auswählen. Diese Einstellung verbindet die unterschiedlichen Stereotypen so miteinander, daß ein effektives möglichst allgemeingültiges Lernverhalten gewährleistet wird.

Einen Überblick über die im einzelnen eingestellten Lernertypen bietet Anhang A, Tabelle 2.

5.5 Systemseitige Stereotypen

Das System soll den Benutzer unterstützen, explizite Stoffgebiete, eine präferierte Darstellung und qualitative Stoffauswahlen angeben zu können.

Die Befriedigung dieses Anspruches setzt voraus, daß die Inhalte des hypermedialen Informationssystems nach diesen Kriterien ausgewählt werden können.

Die Inhalte im DESIH-Modell stellen Atome dar, die über ihre Beziehungen (*Links*) zur Laufzeit zusammengefaßt werden.

Wünscht ein Benutzer eine bestimmte Form der Präsentation eines Lernpfades, so muß das System auswählen können, welche Seiten sich für diese Darstellungsform eignen. Dabei ist darauf abzustellen, daß sich der Inhalt in einer geschlossenen, sinnvollen und lückenlosen Art und Weise darstellen läßt. Bedingung hierfür ist, daß eine funktionelle Nutzung des Systems sichergestellt ist, auch wenn die entsprechenden Seiten (noch) nicht im System vorhanden sind. Werden multimediale Darstellungsformen verlangt, sind aber nur monomediale Informationen verfügbar, müssen trotz der ausdrücklichen Benutzerauswahl die monomedialen Inhalte angezeigt werden können bzw. der Benutzer muß zu einer Auswahl aufgefordert werden.

Die im DESIH-Modell vorgestellten Atome müssen, entsprechend den Auswahlmöglichkeiten des Benutzers, mit weiteren Kriterien ausgestattet werden. Die Attribute im DESIH-Modell sind zu erweitern, da sie sich bisher auf die Zusammenfassung im stücklistenorientierten Umfeld orientieren, jedoch keine Kriterien zur Auswahl von benutzerseitigen Stereotypen berücksichtigen.

Die Beschreibung der Seiten im DESIH-Modell muß sich auf die dem Benutzer angebotenen Auswahlfunktionen beziehen. So sind Erweiterungen hinsichtlich der vorgestellten Lernbereiche (vgl. 5.4.2 Lernbereiche) und der Lernertypen (vgl. 5.4.3 Lernertypen) notwendig.

5.5.1 Medienanteile

Analog der unterschiedlichen Lernertypen sind die Seiten des hypermedialen Informationssystems so zu klassifizieren, daß sie jeweils in textuelle, visuelle oder multimediale Seiten zu unterscheiden sind.

Vornehmliches Problem ist, daß unterschiedliche Autoren unterschiedliche Vorstellungen davon haben, was textuell, visuell oder multimedial gestaltete Seiten sind. Da es im Rahmen dieser Diplomarbeit nicht Ziel sein soll, diese Unterschiede aufzuklären, wird vorgeschlagen, die Einteilung der Seiten einer Redaktion zu überlassen. Dieses Vorgehen gewährleistet, daß die einzelnen Seiten zumindest einheitlich einer bestimmten Medienklasse zugeordnet werden.

Zur Unterstützung wurde ein Tool entwickelt, welches die medialen Anteile der einzelnen Seiten errechnet und entsprechende Einteilungsvorschläge unterbreitet.

Die Aufnahme dieser Funktion in das von MÜLLER konzipierte Autorentool ist als problematisch anzusehen, da das Tool keine automatische Klassifizierung vornehmen, sondern die Redaktion noch eine Kontroll- und Eingriffsmöglichkeit behalten sollte [MÜLL96].

Folgende Einteilung wird für die weiteren Ausführungen genutzt:

Als *Textseiten* werden Darstellungen mit mindestens 90% Schriftanteil, jedoch ohne zeitabhängige Informationsanteile, bezeichnet. Enthaltene Grafiken oder Bilder werden aufgrund der hohen textuellen Informationsdichte vernachlässigt.

Visuell orientierte Seiten beinhalten eine ausgewogene Mischung aus textuellen und grafischen oder bildlichen Informationsdarstellungen. Der Textanteil sollte weit unter 90% der Informationsmenge liegen.

Oftmals werden bei visuell orientierten Seiten Abbildungen aufgenommen, die in keinem direkten Zusammenhang mit dem Inhalt stehen. Sie sollen dem Lernenden als Auflockerung oder Entspannung dienen. Da sie diesen pädagogischen Zweck erfüllen, sollten sie meines Erachtens nicht anders behandelt werden, als Seiten, die eine fachliche Abbildung beinhalten.

Enthalten Seiten mindestens ein zeitabhängiges Atom, werden sie als *multimediale Seiten* bezeichnet. Ohne Einfluß auf die Zuordnung bleiben hierbei zeitunabhängige Informationen. Besteht die Seite nur aus einem zeitabhängigen Atom, widerspricht diese

Klassifizierung dem Begriff Multimedia (vgl. 3.2 Multimedia und Hypermedia). Jedoch ist die Informationsvermittlung in einem solchen System auch ohne zeitunabhängige Informationen in Grenzen praktikabel und ein neuer Begriff zur Beschreibung einer solchen Seite sollte wegen der bereits besetzten Bedeutung vom Multimedia nicht eingeführt werden.

Die Redaktion kann über einen Regelmechanismus selbst bestimmen, welche Prozentsätze die Seiten klassifizieren sollen. Hierbei besteht zudem die Option, daß eine nachträgliche Änderung der Klassifikationsmerkmale zu einer automatisierten Neuberechnung schon vorhandener Seiten genutzt werden kann.

Die identifizierten Medienanteile werden für jede Seite durch den Prototypen in eine Relation eingetragen. Es wird hier vorgeschlagen, die Klassifizierung in eine eigenständige Relation zu überführen, da die im DESIH-Modell bereits bestehende Objekttabelle Attribute enthält, die für die spätere Analyse nicht relevant sind. Die dadurch vermiedene Attributerweiterung wirkt sich ebenfalls positiv auf die Performance der Datenbankabfragen aus. Bei der Klassifizierung sollen keine absoluten Bewertungen wie bspw. „textuell", „visuell" oder „multimedial" eingetragen werden, sinnvoller ist die Aufnahme der jeweils vorhandenen Medienanteile in die Relation. So kann bspw. eine multimediale Seite beschrieben werden als Kombination aus 40% Text, 40% Grafik, einem Tondokument und einem Video. Der Vorteil dieser Vorgehensweise liegt darin, daß der Benutzer selbst entscheiden kann, was für ihn textuell, visuell oder multimedial ist (vgl. 8.2 Individuelle Kriterienwahl).

5.5.2 Lernaspekte

Die Lernaspekte der Seiten werden als Attribute zu jeder Seite hinzugefügt. Dabei kann jeweils eine Seite nur eines der Attribute aus Lexikon, Theorie, Anwendung oder Problembereich aufnehmen. Mehrfachausprägungen sind nicht zulässig, da keine Informationen Gültigkeit besitzen, die sich einerseits als Theorie und andererseits als Anwendungen und Beispiele beschreiben lassen. Diese Einteilung nimmt keinen Einfluß auf die Kombinationsmöglichkeiten von einzelnen Seiten zu einem Pfad. Hierbei können sehr wohl Komponenten aneinander gereiht werden, die aus unterschiedlichen Aspekten bestehen. So ist bspw. in einem theoretischen Bereich eine lexikalische Worterklärung überaus hilfreich.

Die Lerntiefe beschreibt eine Seite gemäß des in ihr dargestellten Inhalts in Abhängigkeit zur vorhergehenden und zu den folgenden Seiten. Dieses Attribut kann die Domänen Zusammenfassung, Grundlagenwissen, Standardwissen oder Expertenwissen annehmen. Dabei ist erneut nur eine Ausprägung pro Seite zulässig, da sie im Hinblick auf die Vermittlung bestimmten Wissens in einem Lernpfad konzipiert wurde. Der Lernpfad selbst ist von der Tiefe seines Inhaltes abhängig, so daß bspw. Seiten eines Expertenpfades nicht gleichzeitig zusammenfassendes Wissen des gleichen Pfades sein können. Sie können ohne weiteres Standardwissen aus einem anderen Pfad sein, niemals jedoch dem Lernpfad gleicher Stofftiefe angehören.

Lernpfade selbst können eine Kombination aus Seiten unterschiedlicher Lerntiefen besitzen, so daß sich aus der Nutzung schon vorhandener Atome in Lernpfaden eine Art Netz ergibt (vgl. 8.3 Wissensplan), in dem sich jedoch die Eigenschaften der Seiten bezüglich der Stofftiefe nicht ändern (Abbildung 5-3).

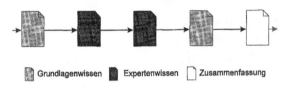

Abbildung 5-3: Lernpfad aus der Kombination von Lerntiefen

5.5.3 Lernintentionen, Kontext und Lernzeit

Lernintentionen können, im Gegensatz zu Lerntiefen und -aspekten, sehr wohl zu mehreren auf einer Seite existieren. Eine Seite kann durchaus dazu geeignet sein, auswendig zu lernen und gleichzeitig zum Verstehen des Inhaltes beizutragen. Lernintentionen beschreiben eine Seite wie die anderen Attribute und erweitern ebenfalls die Attributierung der Seiten des DESIH-Modells.

Eine eigene Relation erhält die Seitenbeschreibung des *Kontextes* und der Literaturhinweise. Da sich mehrere Seiten jeweils auf eine Seite Kontext oder auf eine Literaturquelle beziehen können, erfolgt die Erweiterung in einer eigenständigen Relation.

Zusätzlich zu den gewählten Funktionen wird die *Lernzeit* pro Seite gesichert. Die Problematik dieser Größe ist unumstritten [MISP94, S. 52]. Sie hilft jedoch zusätzliche Funktionalität und Vorteile für den Benutzer in das System zu integrieren (vgl. 8.2 Individuelle Kriterienwahl).

5.6 Semantische Redundanz

Die Auswahlmöglichkeiten der Präsentationsart innerhalb eines Lernpfades bedingen, daß gleiche fachliche Inhalte in unterschiedlichen Präsentationsformen im System abgelegt werden müssen.

Im HERMES ist jedes Stoffgebiet genau einmal im System abgelegt. Würde man die einzelnen Seiten eines HERMES-Beitrages den unterschiedlichen Präsentationsarten von textuell bis multimedial zuordnen, würde ein Lerner, der nur textuelle Darstellungen verlangt, die gleichen Seiten sehen, die auch dem multimedialen Lerner gezeigt werden würden. Würde man die Seiten zusammenfassen, die jeweils einer Medienart zuzuordnen sind, führte dies zur Zerstörung des gesamten inhaltlichen Aufbaues. Die pädagogisch sinnvolle Anordnung der Inhalte und ihrer Präsentationsformen würde verloren gehen.

Sollen diese Nachteile vermieden werden, dann muß der gleiche fachliche Inhalt auf verschiedene Arten im System abgelegt werden. Diese Vorgehensweise soll als semantische Redundanz bezeichnet werden.

Die Forderung nach Redundanzfreiheit [LORE95, S. 82f.] im DESIH-Modell darf jedoch nicht mit der Notwendigkeit der semantischen Redundanz verwechselt werden. Die Redundanzfreiheit im DESIH-Datenmodell bezieht sich auf die physikalische Redundanzfreiheit der Wissensatome im Rahmen der relationalen Datenbank. Gleiche Inhalte sollen in der gleichen Präsentationsform nicht mehrfach im System abgelegt, sondern bestehende Atome wiederverwendet werden.

Unterscheiden sich jedoch die Inhalte in der Präsentationsform, kann hier nicht mehr von redundanten Informationen, im Sinne einer redundanzfreien Datenhaltung, gesprochen werden. Gleiche Inhalte mit unterschiedlichen Präsentationsformen stellen unterschiedliche Wissensbausteine dar. Der Forderung nach Redundanzfreiheit wird durch die semantische Redundanz nicht widersprochen.

6 Aufbau und Funktionsweise des Prototypens

6.1 Verwendete Werkzeuge

Die vorzustellenden Benutzerunterstützungen bauen auf dem DESIH-Datenmodell für hypermediale Informationssysteme auf [LORE95]. Der im DESIH-Modell beschriebene Drei-Schichten-Aufbau wird übernommen.

Als erste Schicht wird ein benutzerorientiertes Front-End mit Hilfe von Multimedia-ToolBook 3.0 von Asymetrix Corp. implementiert. Die Wahl dieses Werkzeuges wird bei LOREY eingehend erörtert [LORE95, S. 38f.].

Der Zugriff auf die Datenbank erfolgt über die zweite Schicht durch Funktionen von Structured Query Language (*SQL*). Die fortgeschrittene Standardisierung dieser Abfragesprache für relationale Datenbanken stellt eine Nutzung fast jeder beliebigen relationalen Datenbank sicher [HANS92, S. 574]. Da jedoch die unterschiedlichen Hersteller relationaler Datenbanken z. T. Dialekte von SQL nutzen, werden nur standardisierte SQL-Funktionen verwendet.

Datenbankbasis stellt die relationale Datenbank Microsoft® Access® als dritte Schicht dar. Da relationale Datenbanken bereits auf allen gängigen Plattformen verfügbar sind [THOM90, D 5, S. 1], kann eine relationale Datenbank auch für Belange der Benutzerunterstützung genutzt werden.

Die Form der Drei-Schichten-Architektur hat sich bewährt und findet auch in reinen betriebswirtschaftlichen Anwendungen Verwendung [THOM90, D 4.2, S. 2]. Dabei ist eine Synthese zwischen objektorientierten Front-End-Systemen und relationalen Datenbanken möglich [HAHN95, S. 143].

6.2 Datenzugriff und Datenhaltung im Prototypen

Multimedia-ToolBook stellt über ein Database Connection Kit den Zugriff auf relationale Datenbanken sicher [ASYM94c]. Dabei bietet das Database Connection Kit zweierlei Zugriffsmöglichkeiten an. Zum einen kann über SQL-ähnliche Befehle auf die Datenbank zugegriffen werden; hierbei liegt der Vorteil in der einfacheren programmtechnischen Umsetzung, da diese Befehle Multimedia-ToolBook angepaßt sind. Zum anderen sind Abfragen mit üblichen SQL-Befehlen möglich. Dies verzögert zwar im geringen Umfang die Performance des Systems, bietet jedoch den Vorteil des Zugriffs auf eine beliebige andere SQL-taugliche relationale Datenbank. Dabei wären lediglich die im Programmscript hinterlegten Aufrufe (*handler*) an etwaige SQL-Dialekte anzupassen.

Alle benötigen SQL-Befehle, wie *select, insert, update* und *delete*, werden über Standardaufrufe abgearbeitet. Zur Analyse leerer Tabellen wurde ein zweiter Handler für den select-Befehl eingerichtet. Das Script des Buches Database.sbk im Anhang C enthält alle standardisierten SQL-Befehlsaufrufe.

Entsprechend den Normalisierungsvorschriften der ersten bis dritten Normalform wurden die Datensätze für einzelne Benutzer in Relationen zerlegt und in die Datenbank eingefügt [THOM90, D. 4.3, S. 7f.]. Da die einzelnen Relationen Attribute enthalten, die sich z.t. auf unterschiedliche Systemfunktionen beziehen, wird die Datenstruktur im folgenden funktionsorientiert dargestellt. Die für die entsprechenden Funktionen notwendigen Attribute in den Relationen werden bei der Beschreibung der Unterstützungswerkzeuge eingeführt und nicht die Relationen mit den ihnen zusammenhängenden Funktionen.

Aufgrund der fehlenden Möglichkeit, Schlüsselattribute durch einen Überstrich zu kennzeichnen, finden im weiteren zur Identifizierung von Schlüsselattributen *KURSIVE GROSSBUCHSTABEN* Verwendung. Die Bezeichnungen der Relationen und Attribute sind als sprechende Schlüssel implementiert worden.

Einen Überblick über die Relationen und ihre Ausprägungen gibt Anhang A, S. A-16ff. Dort findet sich ebenfalls ein komplettes Entity-Relationship-Modell des hier vorgestellten Datenmodells, was aufgrund der vielen Attribute und der damit verbundenen Platzproblematik keine Attribute enthält (Anhang A, Abbildung 20). Für die Beziehungen zwischen den wichtigen Relationen UserIdentification, UserStatistics und BesuchteObjekte wird ein komplettes ER-Modell mit Attributen dargestellt (Anhang A, Abbildung 21).

6.3   Benutzerdaten und Benutzerprofil

Informationen über einen individuellen Benutzer lassen sich in statische, dynamische und variable Informationen unterteilen (vgl. 4.1 Ausgangspunkt mentales Modell).

Statische Benutzerinformationen repräsentieren Benutzerausprägungen, die sich über einen Zeitraum von mehreren Sitzungen nicht oder nur sporadisch verändern. Dazu zählen vor allem persönliche Daten wie Name, Vorname, Geburtsdatum, Geschlecht oder Schulbildung.

Dynamische Daten verändern ihre Ausprägungen innerhalb einer Sitzung oder zwischen zwei Sitzungen. Hierzu zählen bspw. Testergebnisse, besuchte Informationsknoten oder aufgerufene Lerninhalte.

Kann keine eindeutige Zuordnung zu einer der beiden Gruppen erfolgen, werden die Informationen als *variabel* bezeichnet. Bspw. repräsentieren wechselnde Darstellungspräferenzen Daten, die sich nicht in jeder Sitzung ändern müssen, jedoch auch nicht die Konstanz besitzen, um als statische Benutzerinformationen gelten zu können.

Als eine Sitzung soll im weiteren ein Aufruf des Lehr-/Lernsystems inklusive der Aktivierung eines Benutzermodells verstanden werden. Die Notwendigkeit eines aktiven Benutzermodells ist durchaus von Belang, da der Benutzer das Benutzermodell auch deaktivieren kann, was Auswirkungen auf die erhobenen Daten hat (vgl. 6.7.2 Passives Benutzermodell).

Jeder Benutzer des Systems wird systemintern mit einer eindeutigen Identifikationsnummer (*UserId*) versehen. Dieser Nummer sind eine Reihe von persönlichen Daten wie Name, Vorname, Geschlecht und Geburtsdatum beigefügt, damit jeder Benutzer individuell angesprochen werden kann.

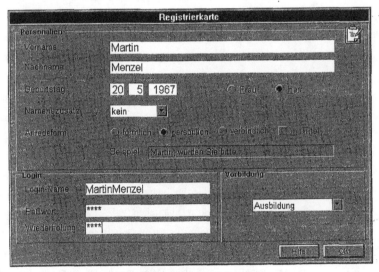

Abbildung 6-1: Maske Persönliche Daten

Um zusätzliche Funktionen wie persönliche Anrede, individuelle Hilfetexte oder das Anmeldeverfahren zu vereinfachen, werden neben den elementaren Personendaten noch ein möglicher Titel, der Login-Name, ein Paßwort und absolvierte Ausbildungen abgefragt (Abbildung 6-1). Alle Daten zusammen ergeben das persönliche Benutzerprofil. Der Benutzer kann in dieser Maske die Form seiner Anrede wählen. Voraussetzung hierfür ist jedoch die Ablage sämtlicher Systemmeldungen in Abhängigkeit der Anredeform (vgl. 6.7.3.4 Individuelle Hilfen).

Gesichert werden die Eingaben in der Relation UserIdentification (Tabelle 6-1). Die Gesamtrelation beinhaltet weitere Attribute, die sich auf bestimmte Systemfunktionen beziehen. Die einzelnen Funktionen werden in den jeweiligen Gliederungspunkten erläutert.

USERID	BenutzerName	BenutzerVorname	BenutzerNamensZusatz
BenutzerGeburtstag	BenutzerGeburtsMonat	BenutzerGeburtsjahr	BenutzerGeschlecht
BenutzerAnredeForm	BenutzerVorbildung	BenutzerErfahrungen	BenutzerBrowser
Hilfe	BenutzerDiskLW	BenutzerHDLW	BenutzerCDLW
BenutzerWarnton	BenutzerPfadWarnton	BenutzerLesezeichen-Gehen	BenutzerLoginname
BenutzerPasswort	BenutzerSeitenbeurteilungen	BenutzerHintergrund-farbe	

Tabelle 6-1: Relation UserIdentification

6.4 Benutzerstatistik

Um dem Benutzer weitergehende Funktionen wie bspw. dezidierte Suchen oder Auswertungen anzubieten, bedürfen die Bewegungen des Benutzers im System einer genauen Protokollierung.

Eine Protokollierung ist grundsätzlich auf alle im System verfügbaren Objekte anwendbar. Die vorgestellte Konzeption beschränkt sich auf die Protokollierung des Objekts „Seite", da hierüber die in den Seiten beinhalteten Objekte, anhand der Objekt- und Strukturtabelle des DESIH-Konzeptes, errechnet werden können.

Die Konzeption ist in diesem Punkt flexibel; eine tiefergehende Protokollierung ist problemlos zu integrieren. Eine Beschränkung auf das Objekt Seite erfolgte, da eine tiefergehende Protokollierung aus Performancegründen wie auch aus Nutzenerwägungen nicht geboten erscheint.

Die Nutzenerwägungen richten sich vor allem auf die Informationsmöglichkeiten des Benutzers. Das System stellt dem Benutzer Informationen über die bisher besuchten Seiten in Form einer kurzen Beschreibung zur Verfügung, die ihm die Rekapitulation der Seite ermöglichen soll. Eine weitere Aufgliederung in die einzelnen Objekte einer Seite würde die nötigen Beschreibungen nochmals erweitern. Dabei ist es fraglich, ob der Benutzer mit der Beschreibung einzelner Objekte auf den Inhalt schließen kann, da sich dies bei der Fülle der gesehenen Seiten als schwierig erweisen wird. Aus diesem Grunde sollte eine Seite die kleinste Protokollierungseinheit sein, die dem Benutzer standardisiert zur Verfügung gestellt wird. Größere Einheiten, wie Abschnitte oder Lernpfade, können ebenfalls problemlos mit entsprechenden Deskriptoren versehen werden.

Problematisch gestaltet sich bei der Protokollierung allerdings die Feststellung, ob der Benutzer die einzelnen Objekte tatsächlich „gesehen" - im Sinne von „gelernt" - hat. So kann auf einer Seite ein Objekt, bspw. ein Video oder ein PopUp-Feld, vorgesehen sein, welches der Benutzer explizit aufrufen muß. Jedoch wird die Seite auch dann als „gesehen" markiert, wenn der Benutzer die Aufrufe nicht ausgeführt hat. Da das grundsätzliche Problem des Kriteriums „gelernt" hier nicht gelöst werden kann - wann ist ein Objekt gelernt? - wird hier der Begriff „besucht" verwendet; der Benutzer hatte die *Möglichkeit*, sämtliche Objekte zu besuchen und den Seiteninhalt zu erlernen.

6.4.1 Sitzungen

Damit bei Suchanfragen festgestellt werden kann, wer bei welcher Sitzung welche Seiten und somit Inhalte besuchte, wurde die Relation UserStatistics aufgebaut.

Jeder Besuch eines Benutzers im System mit aktivem Benutzermodell erhält eine Eintragung in dieser Relation, in der für jede Sitzung eine Sitzungsnummer vergeben wird. Des weiteren werden auch Beginn und Ende der Sitzung protokolliert. Da sich während der Sitzungen auch das Datum ändern kann, werden zusätzlich Anfangs- und Enddatum erfaßt. Die komplette Relation erhält folgendes Aussehen (Tabelle 6-2):

USERID	SESSIONID	SessionDate-Begin	SessionDate-End	SessionTime-Begin	SessionTime-End

Tabelle 6-2: Relation UserStatistics

Das Attribut *USERID* stellt mit der *SESSIONID* den Primärschlüssel der Relation dar, wobei die *USERID* gleichzeitig als Fremdschlüssel aus der Relation UserIdentification fungiert. Beide Relationen sind über eine 1:n-Beziehung miteinander verbunden (Anhang A, Abbildung 20).

Den Inhalt dieser Relation kann sich der Benutzer anzeigen lassen. Dabei hat er die beiden grundsätzlichen Möglichkeiten einer kurzen oder einer detaillierten Statistik.

Die *Kurzstatistik* errechnet die Gesamtzeit aller bisher absolvierten Sitzungen in Tagen, Stunden und Minuten und gibt nur die Gesamtzeit aus.

Eine Aufstellung in Form eines Sitzungsüberblicks bietet die *detaillierte Statistik*, die dem Benutzer zusätzlich die Möglichkeit der Erstellung und Speicherung einer eigenen Protokollsammlung offenhält (Abbildung 6-2).

Die Angaben in der Sitzungsübersicht können nach verschiedenen Kriterien jeweils auf- oder absteigend sortiert werden. Die Sitzungsdaten werden nicht im Programmscript aufbereitet, sondern je nach Abfrage aus der Relation mittels SQL erzeugt.

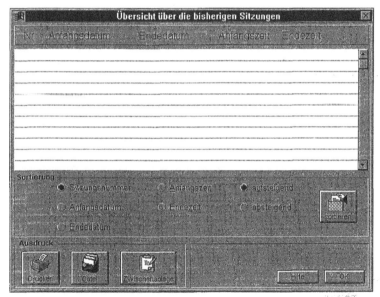

Abbildung 6-2: Maske Sitzungsübersicht

Sämtliche Zeit- und Datumsangaben werden innerhalb der Datenbank als Sekunden behandelt. Die Programmierung wird erleichtert, da übliche Zahlenwerte verwendet werden können. Beim Lesen und Schreiben in die Datenbank wird somit keine spezifische Behandlung von Datumsformaten nötig. Liegen Datums- und Zeitangaben in der genannten Form vor, ist eine Portierung auf andere Datenbanken problemlos möglich, ohne deren spezifisches Datums- oder Zeitformat berücksichtigen zu müssen. Die Umrechnung wird von Multimedia-ToolBook mit entsprechenden Funktionen unterstützt [ASYM94b].

6.4.2 Besuchte Objekte

Während einer Sitzung wird sich der Benutzer auf unterschiedlichen Seiten bewegen, die entweder von ihm selbst gewählt oder vom Autor eines Lernpfades festgelegt worden sind. Um eine Spur des Benutzers durch den Wissensraum verfolgen zu können, müssen zu jedem Benutzer und jeder Sitzungsnummer alle besuchten Seiten protokolliert werden.

Außerdem kann der Benutzer während einer Sitzung mehr als einmal auf einzelne Seiten treffen. Das Aufrufen gleicher Seiten kann jedoch nur zu unterschiedlichen Zeiten erfolgen. Dies hat die Protokollierung der Zeit des Seiteneintritts (EnterTime) und des Seitenaustritts (LeaveTime) zur Folge. Dies gewährleistet eine Eindeutigkeit des besuchten Objekts. Die Relation BesuchteObjekte beinhaltet folgende Attribute (Tabelle 6-3):

Tabelle 6-3: Gesamtform der Relation BesuchteObjekte

Der Schlüssel der Relation beinhaltet als Fremdschlüssel die Attribute *USERID*, aus der Relation UserIdentification, *SESSIONID*, aus der Relation UserStatistics und *BESUCHTESEITEN* als Alias für die DESIH-Relation Objekttabelle. Die Relation BesuchteObjekte steht mit der Relation UserStatistics in einer m:n-Beziehung. Eine Anzahl von m Sitzungen kann n besuchte Seiten beinhalten. Daneben stehen n verschiedene Seiten jeweils nur einmal in der Objekttabelle (n:1-Beziehung), da die DESIH-Struktur mehrfach besuchte Seiten nur einmal im System abgelegt.

Weitere Attribute der Relation könnten Angaben über besuchte Lernpfade und besuchte Seiten innerhalb der Lernpfade beinhalten. Die Analyse ist jedoch auch ohne weitere Speicherung möglich. Da die besuchten Seiten identisch mit den Seiten des DESIH-Modells sind, können aus der Strukturtabelle des DESIH-Modells der zur besuchten

Seite gehörige Lehrpfad und Abschnitt ermittelt werden. Diese Funktionalität wurde im Prototypen nicht umgesetzt, da das DESIH-Modell auch in der weiteren Arbeit von MÜLLER erweitert wird und dadurch die Algorithmen zur Analyse stark verändern würden [MÜLL96].

Die Funktion Seitenbeurteilung bewirkt, daß der Benutzer nach jedem Seitenwechsel gefragt wird, in welchem Maße er die soeben besuchte Seite verstanden hat. Er wählt zwischen *gut*, *teilweise* und *nicht*. Diese Beurteilung wird ebenfalls in der Relation BesuchteObjekte protokolliert und kann vom Benutzer ausgewertet werden.

Ziel dieser Protokollierung ist die nun mögliche Wiederholung von nicht oder nur teilweise verstandenen Seiten in einem gesonderten virtuellen Pfad. Virtuell bedeutet hierbei, daß der Pfad von keinem Autor im System abgelegt wurde, sondern sich die Reihenfolge der Seiten ausschließlich aus der Beurteilung genau dieses einen Benutzers ergibt. Der Prototyp sieht die Erstellung eines virtuellen Pfades vor, den der Benutzer nach seinen Wünschen generieren kann.

Die Dialogbox zur Seitenbeurteilung zeigt Abbildung 6-3.

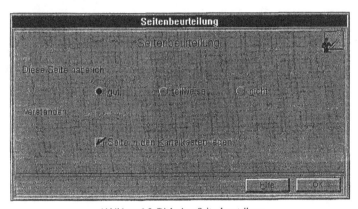

Abbildung 6-3: Dialogbox Seitenbeurteilung

6.5 Auswahl der Lernbereiche

Der Benutzer wählt die Lernbereiche mittels einer speziellen Maske aus (Abbildung 6-4). Die Darstellung erfolgt im Prototypen etwas spartanisch: Der Benutzer kann nur aus zwei Fenstern mit Einfachauswahl einen Themenbereich auswählen. Die nötigen Funktionen wie bspw. Synonym- und Schlagwortsuche wurden bereits bei LOREY dargestellt und sollen hier nicht wiederholt werden [LORE95, S. 13f.]. Zusätzliche Hilfen, wie Moving-Maps oder Darstellungen mit Hilfe des Degree-of-Interest (*DoI*), wurden aus Zeitgründen nicht umgesetzt (vgl. 8.3 Wissensplan und 8.4 Fisheye Views und Degree Of Interest).

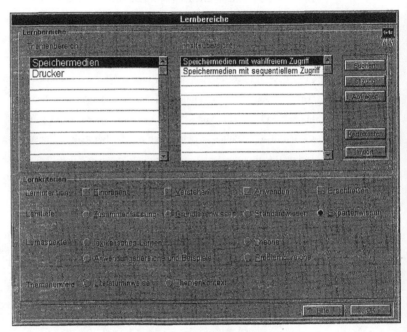

Abbildung 6-4: Maske Lernbereiche

Erscheint ein Pfad mit interessierendem Themeninhalt im Auswahlfenster, so steht er auch im System zur Nutzung bereit. Dies bedeutet jedoch nicht, daß der Pfad auch in der gewünschten Präsentationsform vorliegt. Zur Lösung dieses Konfliktes schlägt das System dem Benutzer andere verfügbare Darstellungsformen vor, aus denen er dann auswählen kann (Abbildung 6-5).

Dabei ist keine Hierarchie der Präsentationsformen von Text über Grafik und Animation zu Video- und Tondarstellungen festgelegt (vgl. 2.4 Interaktionsmöglichkeiten zwischen Mensch und Computer). Vielmehr analysiert der Prototyp in einem Abgleich zwischen Benutzerprofil und verfügbaren Präsentationsformen die eingestellten Parameter und schlägt die Präsentationsform vor, die der Benutzer wahrscheinlich vorzieht. Der Schluß auf die präferierte Präsentationsart erfolgt auf Grundlage der momentan am häufigsten eingestellten Präsentationsform. Der Benutzer kann dann auswählen, welche Darstellungsform des Stoffinhaltes er wünscht. Bricht er die Empfehlung ab, kann er einen anderen Lernbereich oder eine andere Stoffqualität auswählen. Der Benutzer ist somit bei einer nicht vorhandenen Präsentationsform nicht gezwungen, für diesen Lernbereich eine andere Präsentationsform einzustellen, wobei dann nicht gewährleistet wäre, daß ein Lernbereich in der neuerlichen Präsentationsform tatsächlich vorliegt.

Abbildung 6-5: Dialogbox mit Analyseergebnissen

Während der aktuellen Sitzung kann der Benutzer jederzeit die Maske Lernbereiche aufrufen, um andere Lernbereiche zu erkunden. Die Vorgehensweise des Aufrufs wird bei den einzelnen Werkzeugen erörtert (vgl. 6.7.3.2 Browser).

Neben einer reinen Themenauflistung verfügt die Maske Lernbereiche über einige weitere nützliche Punkte zur Auswahl von Lerninhalten.

6.5.1 Sitzung, Abfragen und Karteikasten

Die Schaltfläche *Sitzung* ruft die bereits beschriebene Maske Sitzungsübersicht auf (Abbildung 6-2). In diesem Kontext kann der Benutzer jedoch eine beliebige Sitzung komplett wiederholen. Dabei besteht ein Unterschied zu den im System hinterlegten Pfaden. Die Pfade selbst bestehen aus vielen Links, die der Benutzer aktivieren kann. Schreitet der Benutzer eine bereits abgeschlossene Sitzung zur Wiederholung ab, bewegt er sich auf Links, die er schon aktiviert hat.

Die Funktion *Abfragen* aktiviert eine gleichnamige Maske, die dem Benutzer vielfältige Abfragen über schon gesehene Seiten und Lernverständnisse ermöglicht. Die entsprechenden Abfrageergebnisse kann er ebenfalls wieder als virtuellen Pfad durch das System nutzen, um bspw. alle nicht verstandenen Seiten zu wiederholen (Abbildung 6-6).

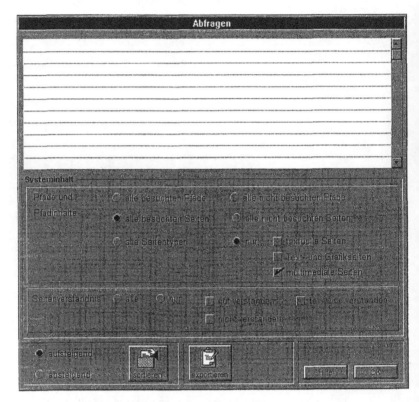

Abbildung 6-6: Maske Abfragen

Der *Karteikasten* wechselt zur entsprechenden Maske für die Bearbeitung der Karteikästen. Da diese Funktionalität unter Punkt 6.8.1 Karteikasten erörtert wird, sei hier nur bemerkt, daß der Benutzer sich ebenfalls die Einträge in seinen Karteikästen zunutze machen kann, um einen virtuellen Pfad zu beschreiten.

6.5.2 Importe

Die bisher dargestellten Funktionen beziehen sich sämtlich auf system- und benutzerspezifische Pfade. Die Funktion Import erlaubt es, daß der Benutzer virtuelle Pfade von Dritten importieren kann.

Besonders nützlich ist diese Funktion bspw. in der universitären und betrieblichen Weiterbildung. So kann der Lehrende seinen Zuhörern eine Datei mit einem vorgegebenen Pfad zur Verfügung stellen, den er selbst über die Funktion Karteikasten oder aus dem Inhalt einer eigenen Sitzung erzeugen kann. Die Datei enthält lediglich Steuerungsinformationen und die Seitenidentifikationen als normalen Text. Selbst bei langen Pfaden ist die Datei somit sehr klein oder kann durch Komprimierungswerkzeuge effektiv verkleinert werden. Es besteht keine Notwendigkeit mehr, den Zuhörern die Seiten physikalisch zur Verfügung zu stellen. Erscheinen dem Lehrenden weitergehende Anmerkungen zu einzelnen Seiten notwendig, so kann er diese in seinem eigenen System erstellen, exportieren und auf der Pfaddiskette mitliefern. Die Maske Lernbereiche mit geöffneten Importfenster zeigt Anhang A, Abbildung 8. Eine beispielhafte Pfadimportdatei ist im Anhang A, S. A-13, aufgelistet.

6.6   Auswahl der Präsentationsform

Die Art der Darstellung wird in der Maske Präsentationsformen ausgewählt (Abbildung 6-7). Der Benutzer kann dabei entweder auf Lernertypen zurückgreifen (vgl. 5.4.3 Lernertypen) oder die Präsentationsformen seinen Wünschen anpassen.

Für die Auswahl der Stereotypen wurde ein Schieberegler implementiert, der zu einer erheblichen Verringerung der Parametereinstellungen der einzelnen Präsentationsformen führt. Bewegt der Benutzer den Regler auf einen Stereotypen, werden automatisch die im Stereotypen abgelegten Ausprägungen der Darstellungsformen aktiviert. Findet der Benutzer seine Wünsche nicht in einem der Stereotypen abgebildet, so kann er die von ihm bevorzugte Präsentationsform selbst auswählen.

Die Darstellungsformen beziehen sich auf die einzelnen, qualitativen Merkmale der Stoffinhalte. Die Empfehlungen bei der Auswahl der Stoffinhalte (vgl. 6.5 Auswahl der Lernbereiche) basieren auf den hier eingestellten Präsentationsformen, die wiederum variable Daten darstellen, da sie während einer Sitzung geändert werden können. Der Benutzer kann dann innerhalb einer Sitzung zu jedem qualitativen Stoffmerkmal unterschiedliche Präsentationsformen auswählen.

Die individuelle Einstellung erfolgt über die entsprechenden Optionsmenüs. Jedes Menü enthält den Menüpunkt „egal". Ist sich der Benutzer nicht sicher, was er bei der Feineinstellung auswählen soll, kann er diesen Menüpunkt wählen. Das System wird veranlaßt, für diesen Parameter die Einstellung des Stereotypen „Standardisierter Lerner" zu aktivieren. So kann sich eine Mischung aus Stereotypen- und Individualauswahl ergeben.

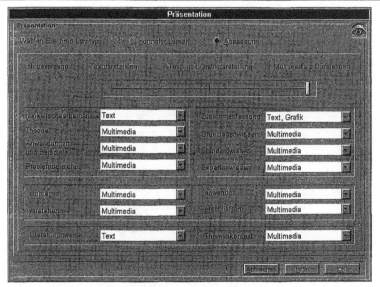

Abbildung 6-7: Maske Präsentation

Die entsprechenden Auswahlen werden in der Relation BenutzerPräsentation gespeichert (Tabelle 6-4). Diese Relation gehört sachlich zur Relation UserIdentification, da in beiden Relationen jeweils benutzerspezifische Einstellungen abgelegt werden. Da jedoch der Prototyp nicht auf die gesamte Relation zugreift, sondern die Zugriffe getrennt voneinander ablaufen, werden beide Relationen aus Gründen der Übersichtlichkeit und Verbesserung des programmtechnischen Ablaufes getrennt. Beide Relationen sind folglich durch eine 1:1-Beziehung miteinander verbunden.

USERID	Lexikalisches Lernen	Theorie	Anwendungen Beispiele	Problembereiche	Zusammenfassung
Grundlagenwissen	Standardwissen	Expertenwissen	einprägen	verstehen	anwenden
erschließen	Themenkontext	Literaturhinweise			

Tabelle 6-4: Relation BenutzerPräsentation

6.7 Systemfunktionen und Programmablauf

6.7.1 Login

Zur Unterscheidung der verschiedenen Benutzer wird ein Anmeldevorgang (*login*) erzeugt. Um diesen so kurz wie möglich zu halten, wird beim Anmelden ein Login-Name und ein Passwort verlangt (Abbildung 6-8).

Abbildung 6-8: Maske Login bei einem registrierten Benutzer

Wählt sich der Benutzer erstmalig in das System ein, so kann und soll er kein Paßwort eingeben. Das System bittet ihn zuerst, Bildschirmformulare zu seiner Person auszufüllen (Abbildung 6-1). Zur erneuten Anmeldung wird ein Login-Name vorgeschlagen. Das Paßwort ist vom Benutzer selbständig zu vergeben. Beide Eingaben können in den Einstellungen über die persönlichen Daten jederzeit geändert werden.

Die Benutzereingaben werden in der Relation UserIdentification in den Attributen BenutzerLoginName und BenutzerPasswort abgelegt.

6.7.2 Passives Benutzermodell

Beim Login-Vorgang hat der Benutzer die Option, das Benutzermodell zu deaktivieren. Diese Option ist für den Benutzer vorgesehen, der das System nicht als individuelles Lehr-/Lernsystem, sondern als umfangreiches Informationsretrieval nutzen möchte.

Es wird bei Deaktivierung des Benutzermodells von den Benutzerpräferenzen abstrahiert. Es existieren lediglich vom Autor definierten Standardpfade und -links sowie die standardisierte Lernumgebung. Der Schwerpunkt des Systems liegt dann auf Strategien des Informationsretrievals.

Der Benutzer kann neben den Suchmechanismen auch auf vorgegebenen Pfaden navigieren, die ihn auf Wunsch von kurz bis detailliert durch die Informationen führen. Werkzeuge zur Benutzerunterstützung können teilweise genutzt werden. Anmerkungen und Textmarkierungen werden nicht gespeichert. Jedoch können Anmerkungen exportiert werden, damit sie nicht verloren gehen. Sonstige Werkzeuge wie Karteikasten, Lesezeichen oder Auswahl der Präsentationsform stehen nicht zur Verfügung.

Ein registrierter Benutzer, der sich mit passivem Benutzermodell in das System einwählt, wird zwar protokolliert, aber auch ihm stehen die weitergehenden Werkzeuge nicht zur Verfügung.

Das passive Benutzermodell soll lediglich eine schnelle Informationssuche ermöglichen und wurde daher im Prototypen nicht realisiert.

6.7.3 Flexible Systemanpassung

Hat der neue Benutzer seine persönlichen Daten eingegeben, werden ihm die Systemeinstellungen angezeigt (Abbildung 6-9).

6.7.3.1 Systemerfahrungen

Um dem Benutzer eine Anpassung der Systemumgebung an seine Bedürfnisse zu ermöglichen, wird ihm eine adaptierbare Oberfläche angeboten. Dabei kann er auf die Stereotypen Anfänger, Fortgeschrittener und Experte zurückzugreifen und so die jeweils zugehörigen Systemfunktionen als Standardeinstellungen aktivieren bzw. deaktivieren (vgl. 5.4.1 Zuordnung und Auswahl der System-Stereotypen).

Diese Standardeinstellungen sind jedoch nicht starr vorgegeben. Grundlegende Parameter, wie bspw. Laufwerksbezeichnungen und Pfade, werden während der Installation vom System ermittelt und dem Benutzer als Standard vorgeschlagen. Da sich die verfügbaren Laufwerke auf Rechnern unterscheiden, kann der Benutzer jeweils sein Disketten-, Festplatten- und CD-ROM-Laufwerk angeben.

Die Systemeinstellungen können während einer Sitzung geändert werden und sind dann sofort aktiv.

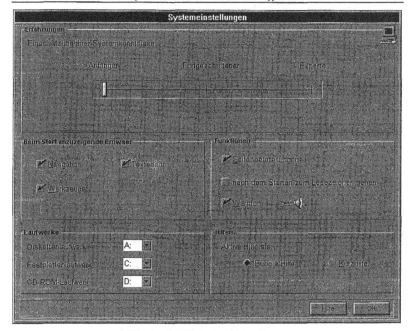

Abbildung 6-9: Maske Systemeinstellungen

6.7.3.2 Browser

Das System sieht drei unterschiedliche Browser vor, aus denen der Benutzer die auswählen kann, welche er zu Beginn der Sitzung sehen möchte. Er hat die Wahl zwischen dem Navigationsbrowser, einem Textfeld und der Werkzeugleiste. Die Bühne, auf der die Seiten angezeigt werden, enthält eine ausblendbare Menüleiste, die die Browserfunktionen zusammenfaßt. Beim Lernen kann der sichtbare Bildschirmausschnitt optimal ausgenutzt werden, da alle Browser beliebig positioniert und minimiert werden können.

Die ausgewählten Browser werden bei jeder neuen Sitzung automatisch angezeigt (Abbildung 6-10 und Abbildung 6-11).

In der Relation UserIdentification werden die gewählten Browser im Attribut Benutzer-Browser gesichert. Dieses enthält eine Liste der ausgewählten Browser und aktiviert nach der Lernstoffauswahl die entsprechenden Fenster.

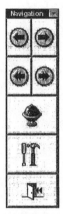

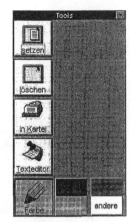

Abbildung 6-10:
Browser Navigation

Abbildung 6-11: Browser
Werkzeugleiste

6.7.3.3 Warntöne und Hintergründe

Um die Aufmerksamkeit des Benutzers zu erregen, werden bei bestimmten Operationen oder Abfragen *Warntöne* ausgegeben. Sie können in der Maske Systemeinstellungen deaktiviert oder geändert werden, so daß der Benutzer seinen eigenen Warnton in Form einer Wavetable-Datei festlegen kann.

In der Relation UserIdentification wird das Aktivieren/Deaktivieren und der Dateiname der Wavetable-Datei in den Attributen BenutzerWarnton und BenutzerPfadWarnton gesichert.

Außerdem unterstützt der Prototyp in Ansätzen die farbliche Anpassung des Systems. So hat der Benutzer die Wahl zwischen einem unifarbenen *Hintergrund* mit der Farbe seiner Wahl (Anhang A, Abbildung 15) oder aber einem Hintergrundbild welches er aus vorgegebenen oder eigenen Bildern auswählen kann. (Anhang A, Abbildung 14).

6.7.3.4 Individuelle Hilfen

Hilfetexte sind vom System- und Anwendungswissen des Benutzers abhängig. Ein Anfänger benötigt Hilfetexte in ausführlicherer Form als ein Experte.

Der Prototyp sieht drei Benutzertypen vor, die je nach ihrer Erfahrung andere Hilfetexte erhalten (vgl. 5.4.1 Zuordnung und Auswahl der System-Stereotypen). Um auch hier

Alternativen anbieten zu können, werden im Prototypen drei unterschiedliche Hilfetechniken verwandt.

Die *BubbleHelp* stellt als aktive Hilfe Kurzhinweise zur Verfügung. Bewegt sich der Benutzer über ein Objekt, wird die ausführende Funktion in einer Blase (*bubble*) oder einem Feld automatisch angezeigt. Die BubbleHelp ist vorrangig für neue Benutzer konzipiert, die so einen schnellen Einstieg in das System erhalten sollen.

Erfahrenen Benutzern, die nur kurze Hinweise benötigen, dient die *ShortHelp*. Diese Sie beschränkt sich auf eine verkürzte Erklärung von Systemfunktionen ähnlich der BubbleHelp.

Die dritte Hilfeform liegt als *Hilfetext* vor, der von jedem Benutzer aktiv ausgelöst werden muß. Sie ist als Hypertext organisiert und stellt dem Benutzer umfangreiche Problembeschreibungen und Lösungen zur Verfügung. Die Hypertext-Datei ist im Prototypen bisher nicht realisiert, lediglich eine Hilfetextdatei liegt zu Demonstrationszwecken vor.

Der Benutzer kann die Hilfeformen BubbleHelp und ShortHelp ein- oder ausschalten, was wiederum in der Relation UserIdentification registriert wird.

Die Individualisierung der Hilfetexte führt zu einer zweifachen Speicherung der Hilfetexte. Eine Version für die Anrede ist förmlich und persönlich zu erstellen. Eine andere Version, mit dem gleichen semantischen Inhalt, ist für die verbindliche Anrede vorzuhalten.

Die Hilfe ist im Prototypen lediglich für die Maske Systemeinstellungen realisiert, da sie im gesamten Prototypen mehrere Einhundert Datenbankeinträge und umfangreiche Hilfetexte notwendig machen würde. Für die Maske Systemeinstellungen waren allein schon sechzehn Einträge in der Relation HilfeOrte nötig. Diese Relation (Tabelle 6-5) umfaßt neben den gewünschten Hilfeformen des Benutzers den *HILFEORT* und die *HELPID*.

HILFEORT	HILFEKLASSE	HILFEANREDE	HelpId

Tabelle 6-5: Relation HilfeOrte

Mit *HILFEORT* wird das Objekt im Prototypen bezeichnet, zu dem Hilfe angefordert wurde. Der zum Objekt gehörige Hilfetext wird über das Attribut *HELPID* identifiziert und in der Relation HilfeTexte (Tabelle 6-6) abgerufen, so daß beide Relationen in einer n:1-Beziehung zueinander stehen.

HELPID	HilfeText

Tabelle 6-6: Relation
HilfeTexte

Um eine Verbindung zwischen dem Benutzer und der aufgerufenen Hilfe zu ermöglichen, wird in einer Relation UserHelp die Benutzernummer, die Sitzungsnummer und
die Hilfenummer registriert (Tabelle 6-7). Sie stellen Primärschlüssel als Fremdschlüssel dar. Das Attribut LogID ist lediglich ein Hilfsattribut ohne weitere Bedeutung. Es
soll sicherstellen, daß gleiche Hilfen innerhalb einer Sitzung aufgenommen werden
können.

USERID	SESSIONID	HELPID	LogID

Tabelle 6-7: Relation UserHelp

Die Relationen UserHelp und HilfeTexte stehen in einer m:n-Beziehung zueinander.
Der Benutzer kann in mehreren Sitzungen verschiedene Hilfen mehrmals aufrufen. Die
Relation UserIdentification steht über eine 1:n-Beziehung mit der Relation UserHelp in
Verbindung. Ein Nutzer kann in mehreren Sitzungen Hilfetexte anfordern.

6.8 Zusätzliche Unterstützung für den Benutzer

6.8.1 Karteikasten

Die verbreitete Lernmethode des Karteikastens wurde als Werkzeug zur Lernunterstützung realisiert (Abbildung 6-12).

Das Erlernen unterschiedlicher Wissensgebiete erfordert das Anlegen und Verwalten
mehrerer Karteikästen. Jeder Benutzer kann beliebig viele Karteikästen anlegen. Die
Relation KarteiKasten ermöglicht die Verwaltung sämtlicher Karteikästen eines Benutzers (vgl. Relation KarteiKasten, Anhang A, S. A-17). Sie besteht neben der *USERID*
und einer *CARDFILEID* aus einem CardFileName, der zuläßt, daß der Benutzer einen
beliebigen, maximal 50 Zeichen umfassenden Karteikastennamen eingeben kann.
Möchte der Benutzer diese Funktion nutzen, muß er lediglich einen Karteikasten eröffnen und kann sofort einzelne Seiten im Karteikasten ablegen. Werden Seiten angefügt,
so wird in der Relation KarteiKastenInhalt die Objektnummer der Seite vermerkt.

In der Maske Karteikasten hat der Benutzer vielfältige Möglichkeiten, den Inhalt des Karteikastens auszuwerten. Um einen gesamten Lauf über den Inhalt des Karteikastens zu absolvieren, kann er sich den Inhalt als virtuellen Pfad anzeigen oder exportieren lassen. Der Export ermöglicht eine Weitergabe des Karteikastens an Dritte, was bereits erörtert wurde (vgl. 6.5.2 Import).

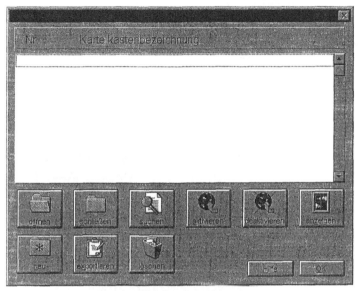

Abbildung 6-12: Maske Karteikasten

Die angelegten Karteikästen werden in Relationen abgelegt. Für diese Funktion stehen zwei Relationen zur Verfügung, die jeweils die Karteikästen mit ihren Inhalten aufnehmen. Sie sind durch eine 1:n-Beziehung miteinander verbunden. In einem Karteikasten können n verschiedene Seiten abgelegt werden. Die Verbindung zur Relation UserIdentification erfolgt ebenfalls über eine 1:n-Beziehung, da ein Benutzer mehrere Karteikästen anlegen darf (Anhang A, Abbildung 20).

6.8.2 Eigene Anmerkungen

Herkömmliche buchbasierte Lernmethoden bieten die Möglichkeit, eigene Anmerkungen zu erstellen. Auch im Prototypen kann der Nutzer eigene Anmerkungen zu einzelnen Seiten anlegen. Die Funktion kann in den Systemeinstellungen aktiviert und deaktiviert werden (vgl. 6.7.3.2 Browser). Eine Aktivierung im Systembetrieb ist ebenfalls über verschiedene Arten möglich. So kann sie entweder mit Hilfe der Menüleiste im Browser Bühne oder mit Hilfe der Werkzeugleiste ein- und ausgeschaltet werden.

Der Prototyp erstellt für jede Seite eine eigene Textdatei im Rich-Text-File-Format (*RTF*), um Formatierungen im Text zu erhalten. Wechselt der Benutzer die Seite, werden vorhandene Texte im Texteditor angezeigt und bestehende Anmerkungen gesichert.

Der Texteditor (Abbildung 6-13) bietet neben Funktionen zur Textmanipulation auch die Möglichkeit, beliebige Texte zu ex- oder importieren. So kann der Benutzer bereits vorhandene Texte in seinen Anmerkungen unterbringen. Einzige Voraussetzung ist, daß die Importdateien ebenfalls im RTF-Format vorliegen. Texte können auch unter eigenem Namen in anderen Pfaden oder Laufwerken gesichert werden, ohne daß dieses in den Systemeinstellungen geändert werden muß. Der Texteditor bietet eine entsprechende Dialogbox zur Laufwerks-, Pfad- und Namenswahl an.

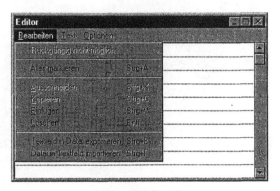

Abbildung 6-13: Texteditor

Der Texteditor kann beliebig vergrößert oder verkleinert und auf dem Bildschirm positioniert werden. Bei Maximalgröße bedeckt er den gesamten Bildschirm und wird so zu einer kleinen Textverarbeitung.

Die Verwaltung der angelegten Dateien erfolgt über die Relation Textfelder. In ihr werden die *USERID* des anlegenden Benutzers und der Dateiname der Textdatei gesichert. Die Attribute *OBJECTID* beinhaltet die Identifikation der Seite, zu der die Textdatei gehört. Das Attribut *USERID* und *OBJECTID* stellen als Fremdschlüssel gleichzeitig den Primärschlüssel der Relation. Die Relation selbst ist über eine 1:n-Beziehung mit der Relation UserIdentification verbunden, da ein Benutzer beliebig viele Textfelder eröffnen kann.

6.8.3 Textmarkierungen und Lesezeichen

Ebenfalls in Anlehnung an herkömmliches Lernen, existiert eine Funktion zum *Markieren* von Texten. Es sind dabei verschiedene Farben verfügbar, damit auch Bedeutungskombinationen im Text verwendet werden können. Drei verbreitete Farben, rot, gelb und grün, sind über Schaltflächen zu aktivieren; gelb ist Standard (Abbildung 6-11). Für weitere Farben steht eine Schaltfläche zur Verfügung, die das gesamte Farbspektrum zur Auswahl anbietet (Anhang A, Abbildung 15).

Um eine Veränderung der Atome des DESIH-Modells zu verhindern, kann der Benutzer Markierungen nicht direkt in den angebotenen Lehrinhalt setzen. Seine Markierungen werden daher in der Datenbank gespeichert. Die Relation Textmarks beinhaltet als Primärschlüssel die Fremdschlüssel *USERID* und *OBJECTID*, sowie den *TEXTMARKRAHMEN*. Als viertes Attribut wird die Farbe der gesetzten Markierung gesichert. Das Attribut *TEXTMARKRAHMEN* sichert die Rahmenkoordinaten des farbigen Rechtecks, welches als Markierung aufgezogen wird.

Die Relation steht mit der Relation UserIdentification über eine 1:n-Beziehung in Verbindung, da ein Benutzer mehrere Markierungen vornehmen kann.

Setzt der Benutzer auf einer Seite ein *Lesezeichen*, so kann er jederzeit zu der markierten Seite zurückspringen. Beendet der Benutzer das System und hat er in der Maske Systemeinstellungen die Option „Zum Lesezeichen gehen" aktiviert, springt das System bei der nächsten Sitzung direkt auf die Seite mit dem Lesezeichen. Der Benutzer kann somit direkt nach dem Systemstart auf der markierten Seite beginnen.

Im Prototypen ist bisher das Setzen eines Lesezeichens möglich. Im Kapitel 8 Ausblick auf weitere Unterstützungswerkzeuge wird auf Erweiterungen eingegangen.

Die Aktivierung des Lesezeichens wird in der Relation UserIdentification gesichert, die Benutzer- und Seiten-ID in der Relation Lesezeichen; beide Relationen stehen in einer 1:1-Verbindung.

7   Problembereiche

7.1   *Probleme der Datenhaltung*

7.1.1   Speichermedien

Der Einsatz des Datenmodells als Baustein eines flexiblen Lehr-/Lernsystems kann sich nicht darauf beschränken, die Informationen unter Berücksichtigung der Benutzerpräferenzen aus starren Informationsbanken auszulesen. Vielmehr ist es notwendig, die veränderlichen Daten auf geeigneten Datenträgern persistent zu speichern.

Informationsatome und ihre gegenseitigen Abhängigkeiten können, wie bisher im HERMES, auf einmalig beschreibbaren Datenträgern abgelegt werden. Dagegen müssen die Informationen des Benutzermodells und der vom Benutzer angelegten eigenen Daten auf beschreibbaren Speichermedien gesichert werden. Zur Auswahl stehen dazu momentan lediglich Disketten und Festplatten.

Die Datenhaltung auf Disketten stellt wegen der zu geringen Datenübertragungsrate, den langsamen Zugriffszeiten und vor allem der geringen Kapazität nur die zweitbeste Lösung dar.

Als einzig sinnvolle Alternative erscheint die Datenhaltung auf Festplatte. Sie bietet adäquate Zugriffsgeschwindigkeiten, hohe Übertragungsraten und i. d. R. höhere freie Speicherkapazität als eine Diskette.

Jedoch treten in der Umsetzung auch hierbei z.T. erhebliche Probleme auf:

Zur Nutzung des Systems benötigt der potentielle Benutzer freien Speicherplatz auf seiner Festplatte. Dabei kann jedoch der benötigte Speicherplatz ex ante nicht quantifiziert werden, da während der Entwicklung die potentielle Nutzung nicht zu antizipieren ist. Die Menge der erhobenen Daten ist wesentlich vom Nutzungsumfang abhängig. Wird das System vornehmlich als Retrieval genutzt, sind kaum Benutzerdaten erforderlich. Liegt jedoch eine Nutzungsintention als Ersatz konventioneller buchbasierter Informationsquellen vor, greift der Benutzer exzessiv auf Tests zurück, deren Ergebnisse gespeichert werden müssen oder macht er im großen Umfang eigene Anmerkungen zu den präsentierten Inhalten steigt die Menge der zu sichernden Informationen stark an. Dadurch wird der verfügbare Festplattenplatz geringer, was nicht nur Auswirkungen auf das Lehr-/Lernsystem selbst, sondern auch auf andere Anwendungsprogramme hat. Ist im Extremfall der gesamte freie Festplattenplatz ausgenutzt, so kann das Computersystem nicht mehr genutzt werden.

Die Festplatte stellt, trotz der angeführten Bedenken, die z. Z. ökonomisch sinnvolle Alternative dar. Erst wenn sich andere Formen auswechselbarer, wiederbeschreibbarer und wahlfreier Speichermedien, bspw. die Mini-Disc oder ZIP-Laufwerke etabliert haben, ist eine Abkehr von der Festplatte denkbar. Dann ist es auch möglich, den unveränderlichen Teil mit Wissensatomen und die Komponenten zur Benutzerunterstützung auf demselben Datenträgern zur Verfügung zu stellen.

7.1.2 Datenschutz

Die im Benutzermodell erhobenen Daten stellen grundsätzlich personenbezogene Daten dar [KOBS85, S. 179f.]. Sie sind als solche vor Zugriff unbefugter Dritter zu schützen. Wird das System auf einem einzelnen Computer nur von einer Person genutzt, ist die Frage des Datenschutzes obsolet. Das Problem tritt aber bereits dann auf, wenn an einem Computer mehrere Personen lernen oder die Lernumgebung in einem Netz eingebunden ist.

Das Benutzermodell erhebt z. T. sehr sensible persönliche Daten. Sind die Personalien der einzelnen Anwender als solche schon interessant, so sind es die besuchten Lerninhalte und die evtl. benötigen Hilfen erst recht. Sie bieten eine willkommene Grundlage, Rückschlüsse auf den Wissensstand des Benutzers selbst zu ziehen. Dabei können die Informationen zur Erstellung eines Wissensprofiles genutzt werden, indem mit Hilfe der besuchten Lerninhalte Schlüsse aus vorhandenem oder nicht vorhandenem Wissen des Benutzers gezogen werden. Insbesondere die aufgerufenen Hilfen können Gegenstand der Analyse sein; zum einen geben sie Aufschluß über die Systemkenntnisse des Benutzers in bezug auf den Computer selbst und zum anderen können Rückschlüsse aus der zeitlichen Aktivierung der Hilfen und der Schnelligkeit und Effizienz des Lernvorganges gezogen werden. Ebenso sind die gesicherten Testergebnisse, und dabei vor allem die fehlerhaften Ergebnisse, von Interesse. Durch die Sicherung des jeweiligen Datums der Sitzung ist eine Entwicklungsanalyse des einzelnen Benutzers ohne großen Aufwand zu erstellen.

Wird das System als Lernunterstützung in Unternehmen eingesetzt, so erstellen diese Daten ein Profil über den einzelnen Nutzer, welches das Unternehmen in diesem Umfang nicht unbedingt freiwillig vom Benutzer erhalten hätte und welches auch arbeitsrechtlich problematisch ist.

Außerdem ist nicht nur eine vertikale Nutzung der Informationen denkbar, sondern auch eine horizontale durch Kollegen wäre möglich. So sind bspw. Manipulationen an den

Testergebnissen oder den angeforderten Hilfen zur Diskreditierung der Mitarbeiter geeignet.

Die aufgeführten Manipulations- und Mißbrauchsmöglichkeiten sind im System zu unterbinden. Dabei ist nicht nur die programmtechnische Umsetzung auf der obersten Ebene des Systems zu berücksichtigen, sondern auch die entsprechend geschützte Speicherung in der Datenbank. Diese muß in der Lage sein, sensible Informationen verschlüsselt zu sichern. Der Zugriff über Datenbanktools sollte dann auch nur einem dafür autorisierten Administrator gestattet sein.

Der Prototyp stellt dahingehend noch keine Maßnahmen zur Verfügung. Sie sind jedoch in späteren Versionen unbedingt zu berücksichtigen.

7.2 Einsatz von Techniken der Künstlichen Intelligenz

Die Maßgaben, ein relationales Datenbankdesign als Grundlage des Systems und die Nutzung einer objektorientierte Programmierumgebung, führten zu einem Verzicht des Einsatzes von Techniken der Künstlichen Intelligenz. Meines Erachtens ist eine Nutzung von KI-Techniken in einem hypermedialen Informationssystem mit dem geplanten Umfang aus den nachfolgenden Gründen derzeit nicht möglich.

7.2.1 Laufzeitprobleme

Die momentane Architektur des Informationssystems auf Grundlage eines Drei-Schichten-Modells bedingt diverse Performanceprobleme [LORE95, S. 88]. Sie würden bei Integration eines Expertensystems, eines neuronalen Netzes oder einer Fuzzy-Logik-Komponente vergrößert, da die zusätzlichen Komponenten zusätzliche Systemressourcen benötigten. Die Antwortzeiten des Systems würden dadurch in einem hohen Maße verlängert, was einer geeigneten Benutzerunterstützung widerspräche. KI-basierte Systeme wurden bisher nur für kleinste fachliche Bereiche entwickelt (vgl. 4.6.2.2 Fehlverhaltensmodelle). Im geplanten Umfang des Systems sind jedoch Informationen über sehr große und heterogene Anwendungsbereiche nötig, die jeweils einzeln einer KI-Basierung bedürften, um Schlüsse zur Benutzerunterstützung zu ziehen.

So verlockend die Konzepte der KI im Bereich der Benutzermodellierung auch sein mögen, ihre Analyseverfahren sind bei der Masse an Informationen im System überfordert. Es wurden daher die konzeptionell hochwertigen Verfahren zugunsten einer praktikablen und realisierbaren Systemarchitektur zurückgestellt. Sollten in Zukunft vertretbar schnelle Systeme auf KI-Basis entwickelt werden, wäre eine Übernahme in die Systemarchitektur erneut zu prüfen.

7.2.2 Schwächen in der Nutzung

Aufgrund der Erfahrungen KI-basierter Lernsysteme erscheint eine diskrete Verwendung eines bestimmten KI-Verfahrens zweifelhaft [LANG94b].

Bereits bei BROWN wurden Probleme beim Einsatz mit neuronalen Netzen beschrieben [BROW93, S. 1013f.]. Daraufhin wurde versucht, die Unzulänglichkeiten eines neuronalen Netzes durch eine Kopplung mit einer Fuzzy-Logik-Komponente auszugleichen [LANG94a, S. 7].

Beim Einsatz lediglich des neuronalen Netzes erhält der Benutzer anhand der bisherigen Lernaktionen eine Empfehlung für den nächsten Lernknoten. Dabei trat das Problem auf, daß die Vorschläge zwischen zwei Informationsknoten alternierten, woraufhin schon bekannte Knoten präsentiert werden sollten. Damit solche Alternanzen erkannt und vermieden werden, wurde neben das neuronale Netz eine Fuzzy-Logik-Komponente gestellt. Jedoch ist auch bei diesem Vorgehen eine Alternanz nicht vollends auszuschließen. Die Implementierung zweier aufwendiger KI-Verfahren führte außerdem zu erheblichen Performanceproblemen [LANG94a, S. 9].

Die Integration einer Fuzzy-Komponente neben einem neuronalen Netz bei LANGER [LANG94a] und die sehr beschränkte Wirkung der Fuzzy-Logik bei PANAGIOTOU [PANA94] verdeutlichen die Probleme, die sich bei der Abbildung des Verhaltens eines Lerners in einem Lehr-/Lernsystem stellen. Wenn dieses überhaupt möglich sein sollte - hier hat vor allem die (Lern-) Psychologie und die Medizin noch Grundlagenforschung zu betreiben - sind lange Antwortzeiten der Systeme die Folge.

8 Ausblick auf weitere Unterstützungswerkzeuge

Der vorgestellte Prototyp konnte nur einen Teil möglicher Unterstützungswerkzeuge für ein hypermediales Informationssystem zeigen. An dieser Stelle soll ein Ausblick auf weitere Werkzeuge gegeben werden, die auf die vorgestellte Datenstruktur aufbauen und in späteren Versionen des Systems problemlos integriert werden können. Sie wurden im Prototypen nicht umgesetzt, da zu ihrem Betrieb entweder viele fachliche Inhalte in Form von Beiträgen im System abgelegt sein müßten oder die Werkzeuge durch das in Entwicklung stehende Autorentool vom MÜLLER verändert würden.

8.1 Weitergehende Analyse bei Pfaden

Ist ein ausgewählter Lernbereich nicht in der Präsentationsart vorhanden, die der Benutzer ausgewählt hat, analysiert der Prototyp die eingestellten Präsentationsarten und schlägt dem Benutzer eine alternative Präsentationsform vor (vgl. 6.5 Auswahl der Lernbereiche).

Da es vor allem zu Beginn der Füllung des Lehr-/Lernsystems dazu kommt, daß Lernbereiche nicht in allen Präsentationsformen im System hinterlegt sind, kann die Auswahl des Benutzers Gegenstand weitergehender Analysen sein. So könnte in einer Relation festgehalten werden, welche Präsentationsform der Benutzer wählt, wenn der Lerninhalt in der gewünschten Präsentationsform nicht vorliegt.

Aufgrund dieser Protokollierung könnte, neben den bereits realisierten Häufigkeitsanalysen, eine weitere Größe in der Empfehlung berücksichtigt werden.

8.2 Individuelle Kriterienwahl und Lernzeit

Bisher ist die Einteilung der Seiten in textuelle, visuelle oder multimediale von den Entscheidungen einer Redaktion abhängig (5.5 Systemseitige Stereotypen).

Diese Funktion könnte auch dem Benutzer zur Verfügung gestellt werden. Es ist denkbar, daß der Benutzer selbst festlegt, welche Kombinationen aus zeitabhängigen und zeitunabhängigen Informationen für ihn textuell, visuell oder multimedial sind. Da in der Datenstruktur bereits auf diese Einteilung zurückgegriffen wird (vgl. 5.5.1 Medienanteile), könnte sie auch für den Benutzer zugänglich gemacht werden.

Um die Gefahr einer unübersichtlichen Funktionsvielfalt zu verringern, sollte diese Funktion erst dem geübten und erfahrenen Benutzern zur Verfügung gestellt werden.

Möchte sich der Benutzer bspw. einen Überblick über ein Gebiet verschaffen, so bekommt er vom System eine Mitteilung über die Anzahl der durchzuarbeitenden Seiten. Bedarf er jedoch Angaben über die *Lern-* bzw. *Durcharbeitungszeit*, so ist diese Angabe für ihn wertlos. Hier wäre es sinnvoll, wenn der Benutzer nicht nur die maximale Seitenzahl, sondern auch die maximal verfügbare Zeit vorgeben könnte. Ist der Lernpfad nicht in der Zeit oder mit den angegebenen Seiten zu bearbeiten, kann die Sitzung unterbrochen werden, um bei nächster Gelegenheit wieder aufgenommen zu werden.

Die Zeitangabe ist deshalb problematisch, weil der Lernende immer wieder durch externe Störungen unterbrochen werden kann, was seine Lernzeit pro Seite verlängert. Diese Unterbrechungen können jedoch von keinem System prognostiziert werden. Da die Lernzeiten nicht Gegenstand von Analysen sein sollen, kann dieses Problem hier vernachlässigt werden. Sie sind vorgegebene Richtwerte, die dem Benutzer lediglich die voraussichtlich benötigte Lerndauer anzeigen sollen, die sich normalerweise bei einem konzentrierten Arbeiten ohne Störungen ergibt.

8.3 Wissensplan

Die Verwendung bestehender Inhalte erfolgt nicht nur auf Linie der Lernpfade, sondern auch über Hypersprünge zwischen Lernpfaden. Verbindungen durch Kombination aus einer Seite mit mehreren Lernpfaden führt zu „Kreuzungen" innerhalb der Lernwege. Betrachtet man diese Verbindungen von außen, so ergibt sich die Form eines Netzes. Die Netzverbindungen sind typisiert, es bestehen Hypersprünge bspw. in Form von „Seite weiter", in Form von Hotwords oder weiteren Typisierungen.

Denkbar ist die Analyse dieser Verbindungen und die Darstellung in einem Netzwerk. Im letztgenannten könnte der aktuelle Standpunkt des Benutzers hervorgehoben werden, um zu seine Position zu signalisieren. Die Verbindungen stellen auch die bestehenden Verknüpfungen der aktuellen Position zu anderen Stoffgebieten dar. Eine Navigationsmöglichkeit wäre die Verwendung einer Moving Map in der Netzdarstellung. Sie erlaubt dem Benutzer, durch einfaches Hin- und Herschieben eines Fokussierrahmens, eine Auswahl eines gewünschten Stoffgebietes. Diese Form eines Browsers wurde im HERMES 3.0 umgesetzt [HERM95].

Dabei kann durchaus die Entscheidung des Benutzers, die nicht nur die Analyse der Verbindungen zwischen Lernbereichen, sondern auch innerhalb eines Lernbereiches vornimmt, berücksichtigt werden.

Diese Browserform bietet zudem die Möglichkeit, eine Spur des Benutzers durch das System zu zeichnen. Die analysierten Verbindungen in der Netzstruktur könnten mit der Datenbasis über die besuchten Objekte des Benutzers abgeglichen und entsprechend farblich markiert werden.

8.4 Fisheye Views und Degree Of Interest

Eine andere Form hierarchisch dargestellte Strukturen abzubilden, bieten *Fisheye Views* [SAXE90, S. 190; GLOO91, S. 107]. Hierunter versteht man Betrachtungsweisen, die ein verzerrtes Abbild der Umwelt analog einer Linse mit sehr großem Winkel zeigen [GLOO91, S. 108].

Der Einsatz solcher Browser führt dazu, daß der momentane Standort und seine Verbindungen im System detailliert dargestellt, fernere Stoffgebiete hingegen nur grob skizziert werden.

Der Vorteil solcher Browser liegt darin, daß große Strukturen derart verkleinert werden können, daß Details zum Vorschein kommen, aber immer noch Aussagen über die Umgebung und Gesamtstruktur gemacht werden können [SAXE90, S. 191].

Fisheye Views besitzen standardisierte Algorithmen, die festlegen, welche Bereiche detailliert und welche oberflächlich dargestellt werden. Enhanced Fisheye Views integrieren den Degree Of Interest (*DoI*) als einen weiteren Parameter zum Abbilden des Interesses des Benutzers an umliegenden Stoffbereichen [TOCH92, S. 212]. Diese Funktion (Abbildung 8-1) ordnet jedem Punkt im System einen Wert zu, dessen Aussage das Interesse des Benutzers am Erreichen dieses Punktes in Abhängigkeit von seiner aktuellen Position im System widerspiegelt [SAXE90, S. 192f.].

Wurden den einzelnen Punkten der Struktur DoI-Werte zugeordnet, kann der Benutzer Auswahlen eingeben, die im Wertebereich der DoI-Funktion liegen müssen. Die Eingabe löst eine Veränderung der Darstellung aus, so daß nur die Punkte im System angezeigt werden, die identisch mit dem Auswahlwert des Benutzers sind.

In einer normalen Baumstruktur erweisen sich Enhanced Fisheye Views als vorteilhaft, da die Berechnungszeit des Baumes proportional zur Größe der Ansicht und nicht proportional zur Größe des Baumes ist. Eine Positionsänderung des Benutzers auf gleicher hierarchischer Ebene führt dazu, daß die Ansicht nur oberhalb der alten und neuen Position berechnet werden muß [SAXE90, S. 195].

Nach Erkenntnissen aus Meßreihen können, selbst bei umfangreichen Strukturen, Fisheye Views schnell aufgebaut und aktualisiert werden [SAXE90, S. 203].

$$DOI_{fisheye(tree)}\,(x|.= y) = -(d_{tree}(x,y) + d_{tree}(x,root))$$

Abbildung 8-1: DoI-Funktion

Fisheye Views sind auf eine hierarchisch angeordnete Struktur angewiesen. Im DESIH-Modell wird jedoch eine netzartige Verknüpfung unter den Lernbereichen verwendet. Um hier Fisheye Views zur Benutzerunterstützung einsetzen zu können, müßte eine Hierarchie zwischen den Lernbereichen des Systems eingeführt werden. Diese Hierarchie würde auch für die Anordnung der Inhalte erforderlich werden, was aufgrund des unübersehbaren Umfangs und der Neueinbindung von Inhalten ein kontinuierliches Updateing zur Folge hätte.

Denkbar ist die automatische Erstellung einer Hierarchie durch systemimmanente Zusammenhänge. Den Autoren im DESIH-Modell wird gestattet, Atome aus bereits bestehenden Beiträgen zu benutzen. Die Verbindungen sind dann in ihrer Quantität und ihrer Qualität typisiert (Abbildung 8-2). Wenn davon ausgegangen werden kann, daß die Anzahl und die Art der Verbindungen zwischen zwei Lernbereichen Auskunft darüber geben kann, wie die Lernbereiche fachlich zusammenhängen, kann man die Hierarchie innerhalb eines Lernbereiches und zwischen mehreren Lernbereichen algorithmisieren. Den hierarchischen Ausgangspunkt (*root*) der Struktur stellt der Anfang des Lernbereiches dar, in dem sich der Benutzer gerade befindet.

Nach der Aufstellung der Hierarchie kann auf die entstandene Struktur eine DoI-Funktion angewandt werden, die ihrerseits Vorgaben für den zu erstellenden Fisheye View erzeugt (vgl. Anhang A, Abbildungen 21 und 22). Zur Analyse der Hierarchie kann ebenfalls auf den Aufbau eines Lernbereiches, wie er bei MÜLLER protokolliert wird, zurückgegriffen werden [MÜLL96].

Die automatisierte Erstellung einer Netzstruktur und der daraus resultierenden Hierarchie bietet den Vorteil, einerseits über eine Art semantisches Netz zu verfügen, welches das Tor zur Künstlichen Intelligenz eröffnet und andererseits konventionelle hierarchische Vorgehensweisen auf eine Netzstruktur anzuwenden.

Semantische Netze gehen auf Modelle menschlichen Gedächtnisses in der Kognitionspsychologie zurück und umschreiben die Annahme, daß Konzepte (vergleichbar mit Knoten) durch geeignete Verbindungen (vergleichbar mit Kanten) in einem Zusammenhang stehen [REIM91, S. 79]. Der Unterschied zu anderen Netzen wie bspw. Assoziativnetzen liegt darin, daß die Kanten unterschiedlich hinsichtlich ihrer Verbindung zwischen Knoten sind. Sie werden als „getypt" bezeichnet. Andere Netze stellen oftmals nur eine Kantenart zur Verfügung, mit denen das Netz zwischen den Knoten gespannt ist [REIM91, S. 79f.].

Ein weiterer Vorteil der automatischen Netzerstellung ist die Ressourcenschonung, da eine laufende Überarbeitung entfällt und auch die Autoren nicht mit der Definition eines semantischen Netzes belastet werden.

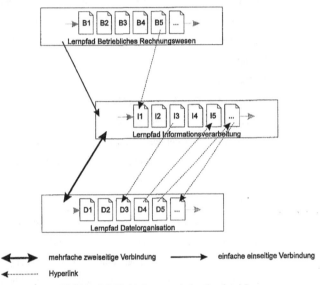

Abbildung 8-2: Verbindungen zwischen Lernbereichen

8.5 Individuelle Links

Einer Individualisierung des Stoffinhaltes würde die Möglichkeit, eigene Verbindungen zwischen den Stoffbereichen zu setzen, die bisher im System nicht vorgesehen waren, entsprechen.

Dazu ist es notwendig, daß Teile des Autorentools in die Benutzungsoberfläche integriert werden. Der Aufwand kann an dieser Stelle noch nicht abgeschätzt werden, da dazu erst das Autorentool in seiner vollen Funktionalität zur Verfügung stehen muß.

8.6 Browserpositionen, Lesezeichen und Layout

Die Einblendung gewünschter Browser erfolgt auf festgelegten *Positionen* ohne Berücksichtigung etwaiger Positionsveränderungen des Benutzers in vorangegangenen Sitzungen. Hier könnte mit Hilfe einer weiteren Relation die Benutzerunterstützung verbessert werden.

Bisher ist im Prototypen die Möglichkeit vorhanden, lediglich ein *Lesezeichen* zu setzen. Es ist jedoch auch denkbar, daß mehrere Lesezeichen in unterschiedlichen Lernpfaden verwaltet werden, um dem bibliographischen Lernen näher zu entsprechen.

Zur weiteren Anpassung der Benutzungsoberfläche könnte die Veränderbarkeit des *Layouts* implementiert werden.

Das DESIH-Datenmodell setzt auf den stücklistenorientierten Aufbau der Inhalte. Ebenso könnte das Front-End selbst in dieser Form aufgebaut werden. Alle Elemente der Benutzungsoberfläche könnten vom Benutzer selbst an seine Präferenzen angepaßt werden.

Zu einer weiteren Flexibilisierung würden bspw. Anpassungen in bezug auf die Schriftart und den Schriftstil von Texten oder dem Aussehen von Schaltflächen führen.

Aber auch hier sollte die Funktionalität erst dem fortgeschrittenen Benutzer angeboten werden, um das System für den Anfänger nicht zu überfrachten.

9 Zusammenfassung

Die vorgestellten Methoden zur Benutzerunterstützung können allein nur auf der operativen Ebene Vorteile für den Benutzer bringen. Damit die Werkzeuge in ihrem vollen Nutzen zur Geltung kommen können, müssen auch die fachlichen Inhalte in ihrer Qualität und Quantität den Analysemöglichkeiten der Werkzeuge entsprechen.

Die qualitativen Merkmale beziehen sich auf die zu vergebende Aufgabenstellung. So sind die Beiträge in ihrer Aufgabenstellung jeweils speziell auf eine der Präsentationsformen zuzuschneiden. Die Darstellung eines Beitrages kann sich nur noch auf eine spezielle Lernform beziehen. Eine Kombination sämtlicher Präsentationsformen in einem Beitrag entfällt weitgehend.

Die Beiträge sind zusätzlich den besonderen Erfordernissen den unterschiedlichen Lernintentionen anzupassen. Die Unterstützung bspw. beim Einprägen von Stoffinhalten stellt sich anders dar als die Erfordernisse zum Anwenden von erlerntem Wissen. Der Unterschied besteht darin, daß die Autoren nicht nur die fachlichen Beitragsinhalte in verschiedenen Medienarten darstellen müssen, sie müssen auch verschiedene (standardisierte) Unterstützungsmechanismen integrieren, die in dieser Bedeutung bei HERMES Beiträgen bisher keine Rolle spielten. Die Themenvergabe hat somit die fachlichen und lernerischen Gesichtspunkte zu berücksichtigen, dies führt dazu, daß sinnvollerweise fachlich kurz gehaltene Beiträge mit hoher Qualität in der Darbietung und Lernunterstützung erstellt werden müssen.

Der modulare Aufbau der vorgestellten Werkzeuge zur Benutzerunterstützung ermöglicht es, jeweils nur Teile in ein System zu integrieren. So kann über mehrere Programmversionen hinweg ein wirksames Instrumentarium zur Benutzerunterstützung aufgebaut werden. Dies verhindert, daß die eingeführten komplexen Werkzeuge die Stabilität eines Systems bei einer kompletten Einführung beeinflußt.

Das vorgestellte Konzept scheint geeignet, den Lernenden bei der schnellen Einarbeitung in neue Wissensgebiete effektiv zu unterstützen und ihn so befähigen, sich den neuen Herausforderungen der Informationsgesellschaft zu stellen.

Literaturverzeichnis

[AREN90]   Arend, U.: Wissenserwerb und Problemlösen bei der Mensch-Computer-Interaktion: empirische Untersuchungen zur handlungsorientierten Gestaltung der Benutzungsoberfläche an einem Datenbankprototypen. Roderer Verlag, Regensburg 1990.

[ASYM94a]   Asymetrix Corporation: Multimedia ToolBook - Benutzerhandbuch. Bellevue, W.A. 1994.

[ASYM94b]   Asymetrix Corporation: Multimedia ToolBook - OpenScript. Referenz. Bellevue, W.A. 1994.

[ASYM94c]   Asymetrix Corporation: ToolBook Database Connection. Referenz. Bellevue, W.A. 1994.

[BAND93]   Bandemer, H.; Gottwald, S.: Einführung in Fuzzy-Methoden: Theorie und Anwendungen unscharfer Mengen. 4. Auflage, Akademie Verlag, Berlin 1993.

[BARK94]   Barker, P.: Designing Interactive Learning. In: de Jong, T.; Sarti, L. (Hrsg.): Design and Production of Multimedia and Simulation-based Learning Material. Kluwer Academic Publishers, Dordrecht 1994, S. 1-30.

[BIRE95]   Birenbaum, M. et al.: Attribute-Mastery patterns from rule space as the basis for student models in algebra. In: International Journal of Man-Machine Studies (1995), 40, S. 497-508.

[BODE90]   Bodendorf, F.: Computer in der fachlichen und universitären Ausbildung. Oldenbourg Verlag, München 1990.

[BODE92]   Bodendorf, F.: Benutzermodelle - ein konzeptioneller Überblick. In: Wirtschaftsinformatik 34 (1992) 2, S. 233-245.

[BROW93]   Brown, M.; Rogers, S. J.: User identification via keystroke characteristics of typed names using neural networks. In: International Journal of Man-Machine Studies (1993), 39, S. 999-1014.

[CHAR94]   Charwat, H. J.: Lexikon der Mensch-Maschine-Kommunikation. 2. Aufl., Oldenbourg Verlag, München 1994.

[CLAN86]   Clancey, W. J.: Qualitative Student Models. In: Annual Review of Computer Science, 1, 1986, S. 381-450.

[DAVI93]   Davis, F. D.: User acceptance of information technology: system characteristics, user perceptions and behavioural impacts. In: International Journal of Man-Machine Studies (1993) 38, S. 475-487.

[DEJO94]   de Jong, T. et al.: SMISLE: System for Multimedia Integrated Simulation Learning Environments. In: de Jong, T.; Sarti, L.

(Hrsg.): Design and Production of Multimedia and Simulation-based Learning Material. Kluwer Academic Publishers, Dordrecht 1994, S. 133-165.

[DESM88] De Smedt, K.: Knowledge Representation Techniques in Artificial Intelligence: An Overview. In: van der Veer, G. C.; Mulder, G. (Hrsg.): Human-Computer Interaction: Psychonomic Aspects. Springer Verlag, Berlin 1988, S. 207-222.

[DOCH94] Dochy, F.: Investigating the Use of Knowledge Profiles in a Flexible Learning Environment: Analyzing Students' Prior Knowledge States. In: Vosniadou, S. et al. (Hrsg.): Technology-Based Learning Environments. Psychological and Educational Foundations. Springer Verlag, Berlin 1994, S. 235-242.

[DUTK94] Dutke, S.: Mentale Modelle: Konstrukte des Wissens und Verstehens. Kognitionspsychologische Grundlagen für die Software-Ergonomie. Verlag für Angewandte Psychologie, Göttingen 1994.

[EBER94] Eberleh, E. et al. (Hrsg.): Einführung in die Software-Ergonomie. Springer Verlag, Berlin 1994.

[FEHR93] Fehrle, T.: Empirische Evaluation von Benutzungsschnittstellen. In: Böcker, H.-D. et al. (Hrsg.): Mensch-Computer-Kommunikation. Benutzergerechte Systeme auf dem Weg in die Praxis. Springer Verlag, Berlin 1993, S. 91-99.

[FISC83] Fischer, G.: Entwurfsrichtlinien für die Software-Ergonomie aus der Sicht der Mensch-Maschine Kommunikation (MMK). In: Balzert, H. (Hrsg.): Software-Ergonomie `83. Berichte des German Chapter of the ACM. Teubner Verlag, Stuttgart 1983, S. 30-48.

[FRES89] Frese, M.; Brodbeck, F. C.: Computer in Büro und Verwaltung. Psychologisches Wissen für die Praxis. Springer Verlag, Berlin 1989.

[FUM88] Fum, D. et al.: Student Modelling Techniques in foreign language tutoring. In: Fum, D. et al. (Hrsg.): ECAI 1988: European Conference on Artificial Intelligence, Proceedings. Springer Verlag, Berlin 1988, S. 94-96.

[GLOO91] Gloor, P. A.: CYBERMAP Yet Another Way of Navigating in Hyperspace. In: Legget, J. (Hrsg.): Hypertext `91. Proceedings of the 3rd ACM Conference on Hypertext. ACM Press, New York 1991, S. 107-121.

[GUGE93] Gugerty, L.: The use of analytical models in human-computer-interface design. In: International Journal of Man-Machine Studies (1993) 38, S. 625-660.

[HAAK92]   Haaks, D.: Anpaßbare Informationssysteme. Verlag für Ange-
                wandte Psychologie, Göttingen 1992.

[HAHN95]   Hahn, W. et al.: Eine objektorientierte Zugriffsschicht zu rela-
                tionalen Datenbanken. In: Informatik Spektrum 18 (1995),
                S. 143-151.

[HANS92]   Hansen, H. R.: Wirtschaftsinformatik 1. 6. Auflage, Fischer
                Verlag, Stuttgart 1992.

[HAWK93]   Hawk, S. R.: The effects of user involvement: some personality
                determinants. In: International Journal of Man-Machine Studies
                (1993) 38, S. 839-855.

[HERM95]   HERMES 3.0 für Apple Macintosh. Herausgegeben vom Lehr-
                stuhl für BWL und Wirtschaftsinformatik Prof. Dr. R. Thome,
                Universität Würzburg, Würzburg 1995.

[HIX93]   Hix, D.; Hartson, H. R.: Developing User Interfaces. Ensuring
                Usability Through Product & Process. John Wiley & Sons, New
                York 1993.

[HOLL91]   Hollnagel, E.: The Influence of Artificial Intelligence on Hu-
                man-Computer Interaction: Much Ado About Nothing? In:
                Rasmussen, J. et al. (Hrsg.): Human-Computer Interaction. Re-
                search Direction in Cognitive Science, European Perspectives
                Vol. 3. Lawrence Erlbaum, Hillsdale 1991.

[HUTC85]   Hutchins, E. L. et al.: Direct Manipulation Interfaces. In: Hu-
                man-Computer Interaction, 1985, 1, S. 311-358.

[HÜTT95]   Hüttner, J. et al.: Benutzerfreundliche Software. Psychologisches
                Wissen für die ergonomische Schnittstellengestaltung. Paschke
                Verlag, Berlin 1995.

[JÄRV93]   Järvinen, P.: Notes On Assumptions Of User Modelling. Series
                of Publications A, A-1993-2, University of Tampere, Finland,
                Department of Computer Science, March 1993, S. 1-12.

[KIEF95]   Kiefer, C.: Sehen mit Fingern. In: Business Computing 9, Sep-
                tember 1995, S. 84-85.

[KOBS85]   Kobsa, A.: Benutzermodellierung in Dialogsystemen. Springer
                Verlag, Berlin 1985.

[KOBS93]   Kobsa, A.: Adaptivität und Benutzermodellierung in interakti-
                ven Softwaresystemen. In: Herzog, O. et al. (Hrsg.): Grundlagen
                und Anwendungen der Künstlichen Intelligenz. Springer Verlag,
                Berlin 1993, S. 152-166.

[KUPK82]   Kupka, I. et al.: Kommunikation in Mensch-Rechner-Dialogen. In: Nehmer, J. (Hrsg.): GI - 12. Jahrestagung 1982, Proceedings. Springer Verlag, Berlin 1982, S. 211-230.

[LANG94a]   Langer, K.; Bodendorf, F.: Flexible Benutzerführung in Hyper-media-Lernsystemen durch neuronale Netze. Forschungsbericht Universität Erlangen-Nürnberg, Erlangen 1994.

[LANG94b]   Langer, K.; Bodendorf, F.: A system architecture for flexible, knowledge-based, multimedia CBT-applications. Proceedings of the 1994 IEEE First International Conference on Multi-Media Engineering Education (M^2E^2). IEEE, Melbourne 1994, S. 20-29.

[LINS90]   Linster, M.; Gaines, B.: Supporting Acquisition and Interpretation of Knowledge in a Hypermedia Environment. Arbeitspapiere der GMD, Nr. 455. Gesellschaft für Mathematik und Datenverarbeitung, Sankt Augustin 1990.

[LORE95]   Lorey, F.: Konzeption eines Datenmodells zur Abbildung hypermedialer Informationssysteme. Unveröffentlichte Diplomarbeit, Universität Würzburg, Würzburg 1995.

[LUST92]   Lusti, M.: Intelligente tutorielle Systeme. Einführung in wissensbasierte Lernsysteme. Oldenbourg Verlag, München 1992.

[MAAS93]   Maass, S.: Software-Ergonomie. Benutzer- und aufgabenorientierte Systemgestaltung. In: Informatik-Spektrum 16 (1993), S. 191-205.

[MACG92]   MacGregor, J. N.: A comparison of the effects of icons and descriptors in videotext menu retrieval. In: International Journal of Man-Machine Studies (1992) 37, S. 767-777.

[MCEN94]   McEneaney, J. E.: Neural Networks for Readability Analysis. In: Seidman, R. H. (Hrsg.): Journal of Educational Computing Research, 10 (1994) 1, S. 79-93.

[MISP94]   Mispelkamp, H.; Sarti, L.: DISCourse: Tools for the Design of Learning Material. In: de Jong, T.; Sarti, L. (Hrsg.): Design and Production of Multimedia and Simulation-based Learning Material. Kluwer Academic Publishers, Dordrecht 1994, S. 45-60.

[MONT92]   Montoy, A.: User profile for intelligent interfaces: the needs and how to satisfy them. Research Report, Université Claude Bernard Lyon I, Lyon 1992.

[MONT93]   Montoy-Berthome, A.: Generating Self-Adaptive Human-Computer-Interfaces. In: Bass, L. J. et al. (Hrsg.): Human-Computer Interaction. Springer Verlag, Berlin 1993, S. 318-326.

[MORA81]   Moran, T. P.: The Command Language Grammar: a representation for the user interface computer systems. In: International Journal of Man-Machine Studies (1981) 15, S. 3-50.

[MÜLL96]   Müller, A.: Entwicklung eines Autorentools zur Abbildung hypermedialer Informationen in einem RDBMS. Unveröffentlichter Forschungsbericht. Universität Würzburg, Würzburg 1996.

[MUNR94]   Munro, P.: Learning in Neural Networks. In: Brouwer-Janse, M. D.; Harrington, T. L. (Hrsg.): Human-Machine Communication for Educational Systems Design. Springer Verlag, Berlin 1994, S. 37-46.

[NORM83]   Norman, D. A.: Some observations on mental models. In: Gentner, D.; Stevens, A. L. (Hrsg.): Mental Models. Erlbaum, Hillsdale 1983, S. 7-14.

[OBER91]   Oberquelle, H.: MCI - Quo vadis? Perspektiven für die Gestaltung und Entwicklung der Mensch-Computer-Interaktion. In: Ackermann, D.; Ulrich, E. (Hrsg.): Software-Ergonomie `91. Benutzerorientierte Software-Entwicklung. Berichte des German Chapter of the ACM. Teubner Verlag, Stuttgart 1991, S. 9-24.

[OBER94]   Oberquelle, H.: Formen der Mensch-Computer-Interaktion. In: Eberleh, E. et al. (Hrsg.): Einführung in die Software-Ergonomie. Springer Verlag, Berlin 1994, S. 95-143.

[OPPE94]   Oppermann, R.: Individualisierung von Benutzungsschnittstellen. In: Eberleh, E. (Hrsg.): Einführung in die Software-Ergonomie. Springer Verlag, Berlin 1994, S. 235-269.

[PANA94]   Panagiotou, M. et al.: Knowledge and Learning Skill Student Model. In: Vosniadou, S. et al. (Hrsg.): Technology-Based Learning Environments. Psychological and Educational Foundations. Springer Verlag, Berlin 1994, S. 243-249.

[POHL95a]   Pohl, C.: Typologie von Lehr-/Lernsystemen. Unveröffentlichter Arbeitsbericht des Lehrstuhls für BWL und Wirtschaftsinformatik der Universität Würzburg, Würzburg 1995.

[POHL95b]   Pohl, C.: Psychologische Grundlagen des Lernens. Unveröffentlichter Arbeitsbericht des Lehrstuhls für BWL und Wirtschaftsinformatik der Universität Würzburg, Würzburg 1995.

[REIM91]   Reimer, U.: Einführung in die Wissensrepräsentation: netzartige und schema-basierte Repräsentationsformate. Teubner Verlag, Stuttgart 1991.

[RICH79]   Rich, E.: Building and Exploiting User Models. Dissertation, Carnegie-Mellon-University, Pittsburgh 1979.

[RICH83]   Rich, E.: Users are individuals: individualizing user models. In:
                  International Journal of Man-Machine Studies (1983) 18,
                  S. 199-214.

[RIEK93]   Rieckert, W.-F.: Interaktion, Präsentation und Repräsentation.
                  In: Böcker, H.-D. et al. (Hrsg.): Mensch-Computer-Kommunika-
                  tion. Benutzergerechte Systeme auf dem Weg in die Praxis.
                  Springer Verlag, Berlin 1993, S. 7-18.

[RUSS93]   Russo, P.; Boor, S.: How Fluent is Your Interface? Designing
                  for International Users. In: Ashlund, S. (Hrsg.): Human Factors
                  in Computing Systems. Conference Proceedings INTERCHI
                  '93. Addison-Wesley, Reading 1993, S. 342-347.

[SAXE90]   Saxer, K.-H.; Gloor, P. A.: Navigation im Hyperraum: Fisheye
                  Views in HyperCard. In: Gloor, P.A.; Streitz, N. A. (Hrsg.): Hy-
                  pertext und Hypermedia. Von theoretischen Konzepten zur
                  praktischen Anwendung. Springer Verlag, Berlin 1990,
                  S. 190-204.

[SCHI96]   Schinzer, H. D.: Entscheidungsorientierte Informationssysteme.
                  Grundlagen-Anforderungen-Konzept-Umsetzung. Vahlen Ver-
                  lag, München 1996.

[SCHN93]   Schneider-Hufschmidt, M.: Eine Entwicklungsumgebung für
                  adaptierbare Benutzungsoberflächen. In: Böcker, H.-D. et al.
                  (Hrsg.): Mensch-Computer-Kommunikation. Benutzergerechte
                  Systeme auf dem Weg in die Praxis. Springer Verlag, Berlin
                  1993, S. 61-74.

[SELF88]   Self, J.: Student Models: What Use are They? In: Ercoli, P.;
                  Lewis, R. (Hrsg.): Artificial Intelligence Tools in Education. El-
                  sevier Science Publishers, Amsterdam 1988, S. 73-86.

[SHNE82]   Shneiderman, B.: The future of interactive systems and the
                  emergence of direct manipulation. In: Behaviour and Informa-
                  tion Technology, 3, 1982 (1), S. 237-256.

[SLEE85]   Sleeman, D.: UMFE: A User Modelling Front-End subsystem.
                  In: International Journal of Man-Machine Studies (1985) 23,
                  S. 71-88.

[SPAL90]   Spall, R.; Steele, R.: An Investigation Into Qualitative User
                  Modelling Of User Interactions For The Purpose Of Predicting
                  User Expertise. In: Diaper, D. et al. (Hrsg.): Human-Computer
                  Interaction INTERACT '90. Elsevier Science Publishers, Am-
                  sterdam 1990, S. 129-133.

[STAR94]   Stary, C.: Interaktive Systeme. Software-Entwicklung und Soft-
                  ware-Ergonomie. Vieweg Verlag, Wiesbaden 1994.

[STRE85]   Streitz, N. A.: Die Rolle von mentalen und konzeptionellen Modellen in der Mensch-Computer-Interaktion: Konsequenzen für die Software-Ergonomie? In: Bullinger, H.-J. (Hrsg.): Software-Ergonomie `85. Mensch-Computer-Interaktion. Berichte des German Chapter of the ACM. Teubner Verlag, Stuttgart 1985, S. 280-292.

[STRE88]   Streitz, N. A.: Mental Models and Metaphors: Implication for the Design of Adaptive User-System Interfaces. In: Mandl, H. (Hrsg.): Learning Issues for Intelligent Tutoring Systems. Springer Verlag, Berlin 1988, S. 164-186.

[TAUB85]   Tauber, M. J.: Mentale Modelle als zentrale Fragestellung der Kognitiven Ergonomie. Theoretische Überlegungen und einige empirische Ergebnisse. In: Bullinger, H.-J. (Hrsg.): Software-Ergonomie `85. Mensch-Computer-Interaktion. Berichte des German Chapter of the ACM. Teubner Verlag, Stuttgart 1985, S. 293-302.

[THOM90]   Thome, R.: Wirtschaftliche Informationsverarbeitung. Vahlen Verlag, München 1990.

[TOCH92]   Tochtermann, K.; Dittrich, G.: Fishing for Clarity in Hyperdocuments with Enhanced Fisheye-Views. In.: Lucarella, D. et al. (Hrsg.): Echt `92. Proceedings of the ACM Conference on Hypertext 1992. ACM Press, New York 1992, S. 212-221.

[VASS90]   Vassileva, J.: A Classification And Synthesis Of Student Modelling Techniques In Intelligent Computer-Assisted Instruction. In: Norrie, D. H.; Six, H.-W. (Hrsg.): Computer Assisted Learning. Springer Verlag, Berlin 1990, S. 202 213.

[WAND93]   Wandmacher, J.: Software-Ergonomie. Verlag de Gruyter, Berlin 1993.

[WINK90]   Winkels, R.: User Modelling in Help Systems. In: Norrie, D. H.; Six, H.-W. (Hrsg.): Computer Assisted Learning. Springer Verlag, Berlin 1990, S. 184-193.

[WOLF93]   Wolff, M.-R.: Multimediale Informationssysteme. In: HMD - Theorie und Praxis der Wirtschaftsinformatik, Januar 1993 (30), S. 9-26.

[ZEID92]   Zeidler, A.; Zellner, R.: Software-Ergonomie. Techniken der Dialoggestaltung. Oldenbourg Verlag, München 1992.

Abbildungs- und Tabellenverzeichnis

Abbildungen

Tabellen

Erklärung

Ich erkläre, daß ich die Arbeit selbständig verfaßt, keine anderen als die angegebenen Quellen und Hilfsmittel benutzt und die diesen Quellen und Hilfsmitteln wörtlich oder sinngemäß entnommenen Ausführungen als solche kenntlich gemacht habe.

Würzburg, den 21. März 1996   Martin Menzel

Anhang A: Abbildungen, Tabellen, Relationen und Programmabläufe

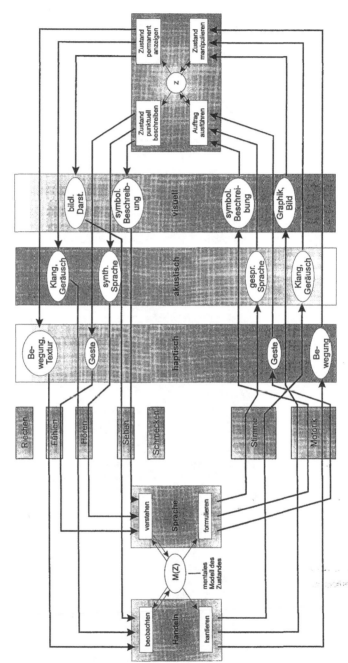

Abbildung 1: Gestaltungsraum der MCI, aus: [OBER94, S. 107]

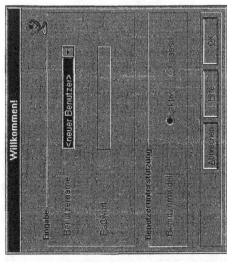

Abbildung 3: Maske Login für neuen Benutzer

Abbildung 2: Maske Prefenster

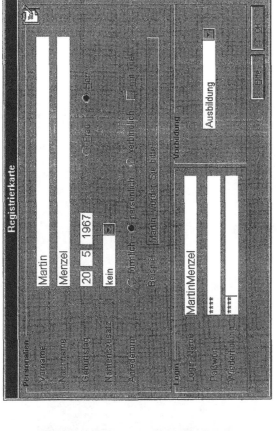

Abbildung 5: Maske Persönliche Daten

Abbildung 4: Maske Login für registrierten Benutzer

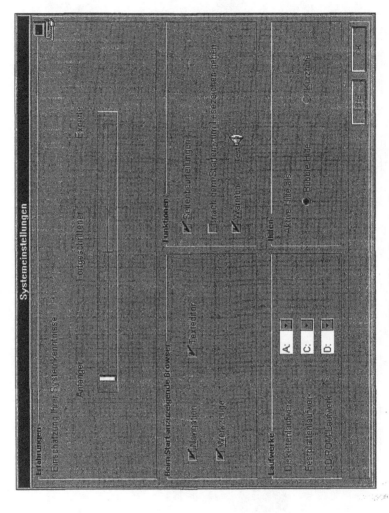

Abbildung 6: Maske Systemeinstellungen

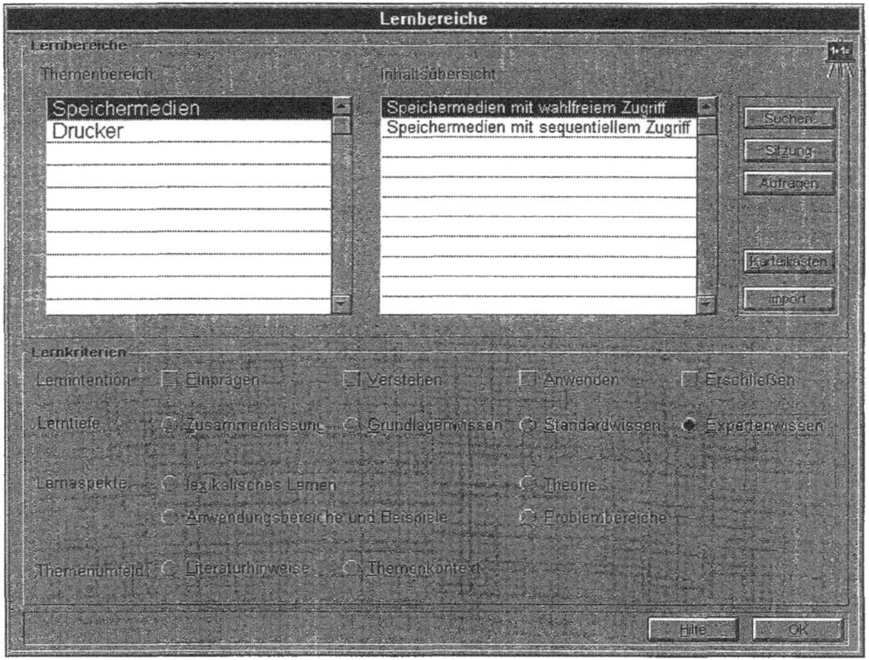

Abbildung 7: Maske Lernbereiche

Anhang A: Abbildungen, Tabellen, Relationen und Programmabläufe

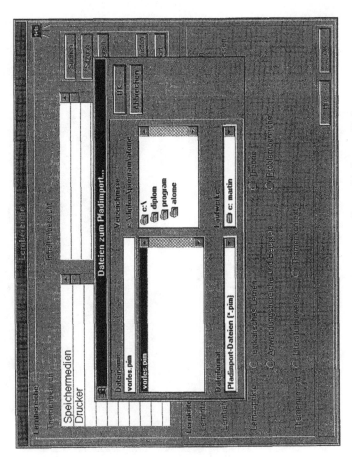

Abbildung 8: Maske Lernbereich mit geöffneter Dialogbox zum Pfadimport

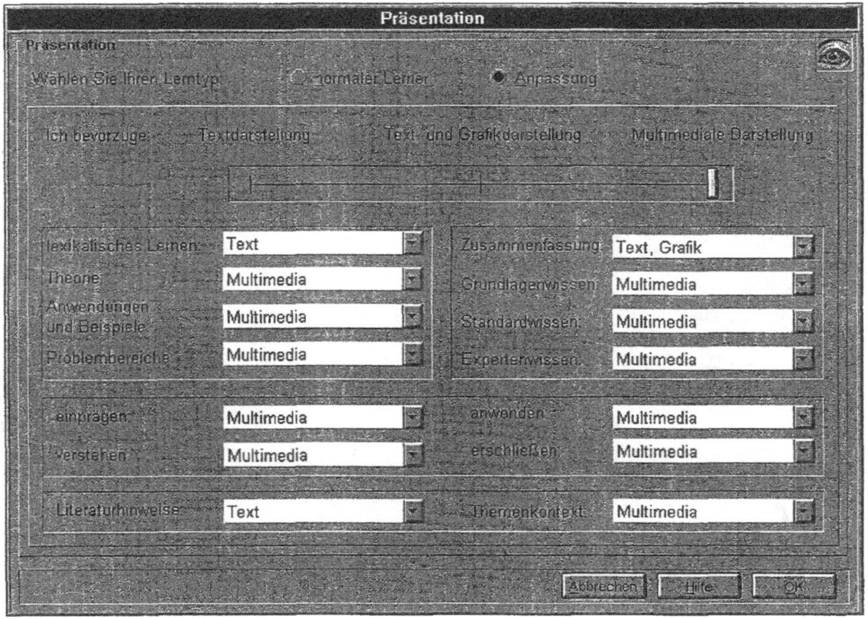

Abbildung 9: Maske Präsentation

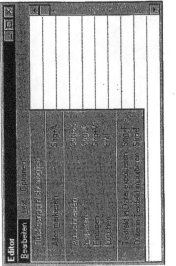

Abbildung 11: Dialogbox Seitenbeurteilung

Abbildung 10: Textfeld

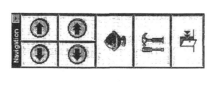

Abbildung 13: Leiste Navigation

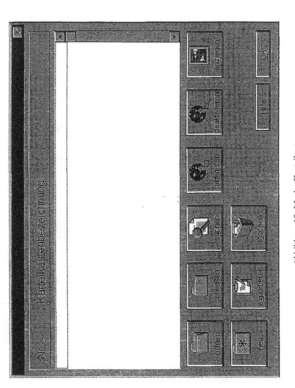

Abbildung 12: Maske Karteikasten

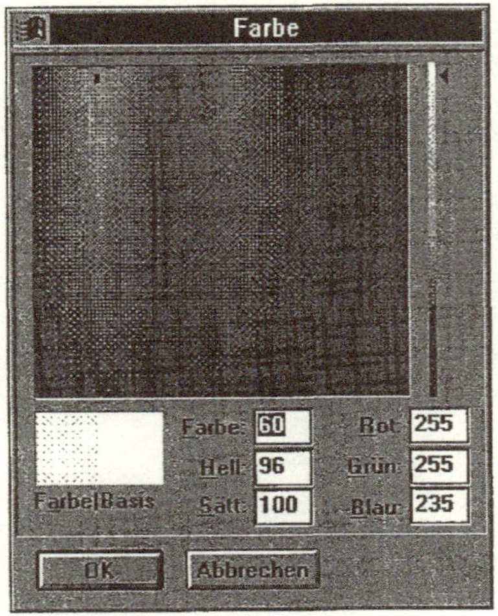

Abbildung 15: Hintergrund-Farbpalette

Abbildung 14: Maske Hintergrund

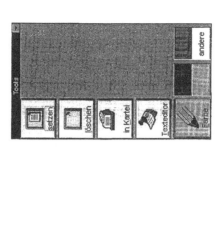

Abbildung 17: Werkzeugleiste

Abbildung 16: Maske Abfragen

Abbildung 19: Dialogbox Über

Abbildung 18: Dialogbox Analyseergebnisse

	Anfänger	Fortgeschrittener	Experte
Sitzungsanzahl	$x \le 5$	$5 < x \le 10$	$10 < x$
Hilfen	Bubble, Long	Short, Long	Long
Verstanden?	Ja	ja	ja
Browser	Navigation, Textfeld, Werkzeuge	Navigation, Textfeld, Werkzeuge	Navigation, Textfeld
Warntöne	ja	nein	nein

Tabelle 1: System-Stereotypen

Beispiel einer Pfadimportdatei:

Speichermedien mit wahlfreiem Zugriff
00000000,1
31000000,2
32000000,3

Lernbereich	Standard-einstellung	Textueller Lerner	Visueller Lerner	Multimedialer Lerner
Lexikalisches Lernen	Text	Text	Text	Text
Theorie	alle	Text	Text, Grafik, Animation	alle
Anwendungsbereiche und Beispiele	alle	Text, Grafik	Text, Grafik, Animation	alle
Problembereiche	alle	Text, Grafik	Text, Grafik, Animation	alle
Zusammenfassung	Text	Text	Text, Grafik	Text, Grafik
Grundlagenwissen	alle	Text, Grafik	Text, Grafik, Animation	alle
Standardwissen	alle	Text, Grafik	Text, Grafik, Animation	alle
Expertenwissen	alle	Text, Grafik	Text, Grafik, Animation	alle
Einprägen	Text	Text	Text	alle
verstehen	alle	Text, Grafik	Text, Grafik, Animation	alle
anwenden	alle	Text, Grafik	Text, Grafik, Animation	alle
erschließen	alle	Text, Grafik	Text, Grafik, Animation	alle
Themenkontext	alle	Text	Text, Grafik, Animation	alle
Literaturhinweise	Text	Text	Text	Text

Tabelle 2: Stereotypen und Lernbereiche

Programmablauf beim Login-Vorgang bis zur Präsentation

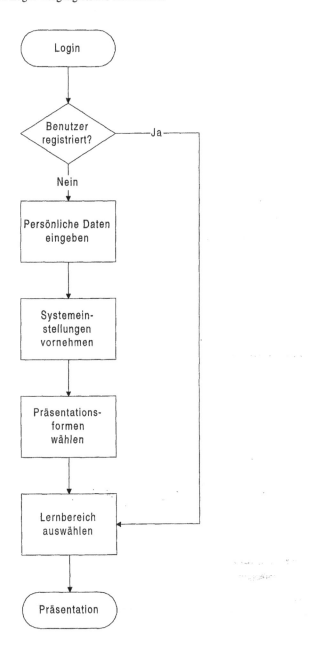

Relationen der Datenbank DB 1

Tabelle	AnalysierteObjekte	Typ	Größe
	ObjectID	Text	50
	Textanteil	Text	50
	Grafikanteil	Text	50
	Ton	Text	50
	AnimationVideo	Text	50
	Kurzbeschreibung	Text	50
	Lernzeit	Text	50

Tabelle	AnalysierteObjekteLernaspekte		
	ObjectID	Text	50
	Lernaspekte	Text	50

Tabelle	AnalysierteObjekteLernintention		
	ObjectID	Text	50
	Lernintention	Text	50

Tabelle	AnalysierteObjekteThemenKontext		
	ObjectID	Text	50
	ThemenkontextID	Text	50

Tabelle	BenutzerPräsentation		
	UserID	Zahl (Long)	4
	LexikalischesLernen	Text	50
	Theorie	Text	50
	AnwendungenBeispiele	Text	50
	Problembereiche	Text	50
	Zusammenfassung	Text	50
	Grundlagenwissen	Text	50
	Standardwissen	Text	50
	Expertenwissen	Text	50
	einprägen	Text	50
	verstehen	Text	50
	anwenden	Text	50
	erschließen	Text	50
	Themenkontext	Text	50
	Literaturhinweise	Text	50

Tabelle	BesuchteObjekte		
	UserID	Zahl (Long)	4
	SessionID	Text	50
	BesuchteSeiten	Text	50
	EnterTime	Text	50
	LeaveTime	Text	50
	UnderstandingLevel	Text	50

Tabelle	HilfeOrte		
	HilfeOrt	Text	50
	HilfeKlasse	Zahl (Double)	8
	HilfeAnrede	Zahl (Double)	8
	HelpID	Zahl (Double)	8

Tabelle	HilfeTexte	Typ	Größe
	HelpID	Zahl (Long)	4
	HilfeText	Text	255

Tabelle	Karteikasten		
	CardFileID	Zahl (Long)	4
	UserID	Zahl (Long)	4
	CardFilename	Text	50

Tabelle	Karteikasteninhalt		
	CardFileID	Text	50
	InsertedObjectID	Text	50

Tabelle	LernStereotypen		
	StereotypID	Zahl (Double)	8
	StereotypBezeichnung	Text	50
	LexikalischesLernen	Text	50
	Theorie	Text	50
	AnwendungenBeispiele	Text	50
	Problembereiche	Text	50
	Zusammenfassung	Text	50
	Grundlagenwissen	Text	50
	Standardwissen	Text	50
	Expertenwissen	Text	50
	einprägen	Text	50
	verstehen	Text	50
	anwenden	Text	50
	erschließen	Text	50
	Themenkontext	Text	50
	Literaturhinweise	Text	50

Tabelle	Lesezeichen		
	UserID	Zahl (Long)	4
	ObjectID	Text	50

Tabelle	Pfadbeschreibung		
	PfadID	Zahl (Long)	4
	Pfadbezeichnung	Text	50
	Medienart	Text	50
	Lerntiefe	Text	50

Tabelle	PfadInhalt		
	PfadID	Zahl (Double)	8
	PfadInhalt	Text	50
	Reihenfolge	Zahl (Double)	8

Tabelle	SystemStereotypen	Typ	Größe
	StereotypID	Zahl (Long)	4
	BenutzerErfahrungen	Text	50
	BenutzerBrowser	Text	50
	Hilfe	Text	50
	BenutzerDiskLW	Text	50
	BenutzerHDLW	Text	50
	BenutzerCDLW	Text	50
	BenutzerWarnton	Text	50
	BenutzerLesezeichenGehen	Text	50
	BenutzerSeitenbeurteilungen	Text	50

Tabelle	Textfelder		
	UserID	Zahl (Long)	4
	ObjectsID	Text	50
	Dateiname	Text	50

Tabelle	Textmarks		
	UserID	Zahl (Long)	4
	ObjectID	Text	50
	TextmarkRahmen	Text	50
	Farbe	Text	50

Tabelle	UserHelp		
	SessionID	Zahl (Double)	8
	LogID	Zahl (Long)	4
	HelpID	Zahl (Double)	8

Tabelle	UserIdentification	Typ	Größe
	UserID	Zahl (Long)	4
	BenutzerName	Text	50
	BenutzerVorName	Text	50
	BenutzerNamensZusatz	Text	50
	BenutzerGeburtstag	Text	50
	BenutzerGeburtsmonat	Text	50
	BenutzerGeburtsJahr	Text	50
	BenutzerGeschlecht	Text	50
	BenutzerAnredeForm	Text	50
	BenutzerVorbildung	Text	50
	BenutzerErfahrungen	Text	50
	BenutzerBrowser	Text	50
	Hilfe	Text	50
	BenutzerDiskLW	Text	50
	BenutzerHDLW	Text	50
	BenutzerCDLW	Text	50
	BenutzerWarnTon	Text	50
	BenutzerPfadWarnTon	Text	50
	BenutzerLeseZeichenGehen	Text	50
	BenutzerLoginName	Text	50
	BenutzerPasswort	Text	50
	BenutzerSeitenbeurteilungen	Text	50
	BenutzerHintergrundfarbe	Text	50

Tabelle	UserStatistics		
	UserID	Zahl (Long)	4
	SessionID	Zahl (Double)	8
	SessionDateBegin	Zahl (Double)	8
	SessionDateEnd	Zahl (Double)	8
	SessionTimeBegin	Zahl (Double)	8
	SessionTimeEnd	Zahl (Double)	8

Datenmodell zur Benutzerunterstützung in hypermedialen Informationssystemen (ohne Attribute)

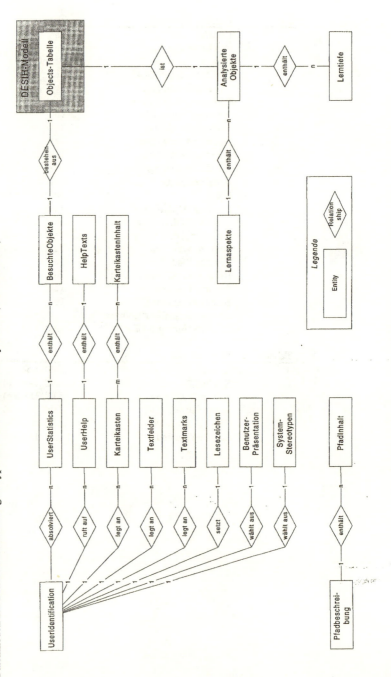

Abbildung 20: Datenmodell zur Benutzerunterstützung in hypermedialen Informationssystemen

Entity-Relationship-Modell der Relationen UserIdentification, UserStatistics und BesuchteObjekte

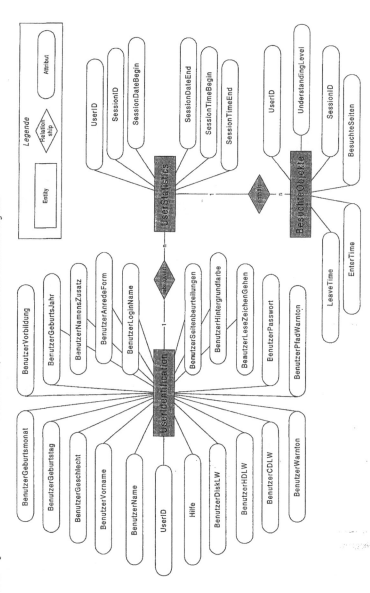

Abbildung 21: ERM ausgewählter Relationen

Fisheye-Views

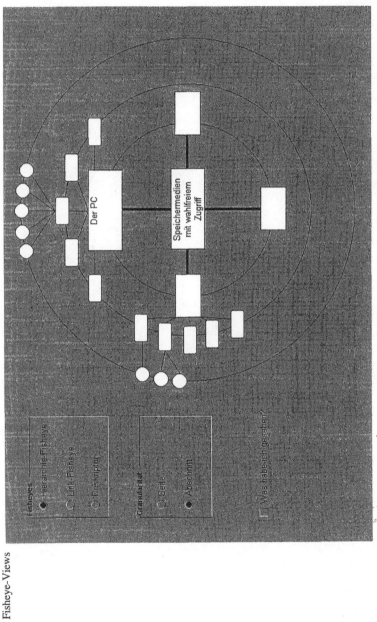

Abbildung 22: Fisheye View über aktuellen Abschnitt

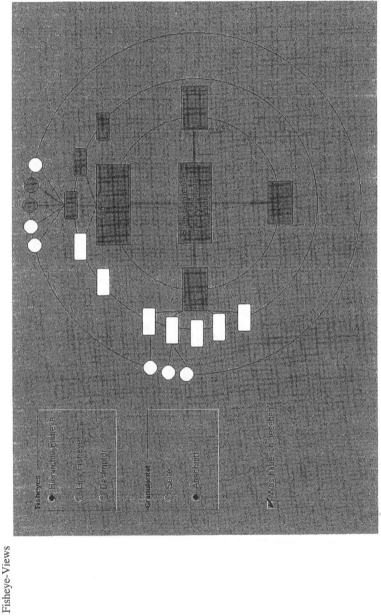

Fisheye-Views

Abbildung 23: Fisheye View über gesehene Abschnitte mit aktuellem Abschnitt als Anker

Anhang B

Auf der beiliegenden CD-ROM befinden sich der entwickelte Prototyp mit dazuge-
hörigen Beispieldateien und Datenbankdateien.

Die Copyright-Vermerke in den Dateien sind unbedingt zu beachten!

Anhang C: Programmcode

Der im folgenden aufgeführte Programmcode umfaßt lediglich die Buchscripten der erstellten Programme. Andere Scripten wie bspw. Seiten- oder

Buttonscripten wurden nicht explizit aufgeführt, da sie nur jeweils von untergeordneter Bedeutung sind.

Buch User.exe

```
--$$$$$$$$$$$$$$$$$$$$$$$$$$$$$$$$$$$$$$$$$$$$$$$$$$$$$$$$$$$$$$$$$$$$$$$$$$$$$$$$$$$$$$$$$$$$$$
--$$$$$$$$$$$$$$$$$$$$$$$$$$$$$$$$$$$$$$$$$$$$$$$$$$$$$$$$$$$$$$$$$$$$$$$$$$$$$$$$$$$$$$$$$$$$$$
--*****************************************************************************************
--***************************************** User.Exe **************************************
--*************************************** © by Martin Menzel, März 1996 *******************
--$$$$$$$$$$$$$$$$$$$$$$$$$$$$$$$$$$$$$$$$$$$$$$$$$$$$$$$$$$$$$$$$$$$$$$$$$$$$$$$$$$$$$$$$$$$$$$
--$$$$$$$$$$$$$$$$$$$$$$$$$$$$$$$$$$$$$$$$$$$$$$$$$$$$$$$$$$$$$$$$$$$$$$$$$$$$$$$$$$$$$$$$$$$$$$
--*****************************************************************************************
--------------------------------------------------------------------------------------------
--------------------------------------------------------------------------------------------
--Prozeduren zum Öffnen, initialisieren, beenden des Buches
--Maus-, Fensterbotschaften
--------------------------------------------------------------------------------------------
to handle enterBook
    syssuspend = true
    syscursor = 44
    mmplay clip id 104 autoclose
    show viewer "Abdeckung"
    show viewer "PreFenster"
    send sizeToPage
    send linktB30DialogDll
    send linktb30Dosdll
    send ZusätzlicheBücher
    send datenBankverbinden
    close viewer "PreFenster"
    syscursor = 1
    show viewer "Login"
end enterBook

to handle Beenden
    system Meldungsantwort

    send requester "Möchten Sie das Programm wirklich verlassen?",2,"center","Ja","Nein"
    if Meldungsantwort is "Nein" then
        break Beenden
    else

        send Anzeigenabschließen
        if Benutzerlogin of this book = "RegistrierterBenutzer"
            send session schließen
        end if
```

```
        send ZurücksetzenBenutzerEigenschaftenDesBuches
        send datenbanklösen
        rgbfill of background "Abdeckung" = 255,255,235
        syssuspend = false
        LoginPassed of page id 0 = false
        LinkTb30dosdll of this book = false
        LinkTb30DialogDll of this book = false
        send BenutzerHintergrundFarbe lösen
        close viewer "Abdeckung"
        save Changes to this book
        send exit
      end if

  end Beenden

  to handle zusätzlicheBücher
      push "c:\diplom\program\database.sbk" onto sysBooks
      push "c:\diplom\program\2ndUser.tbk" onto sysBooks
  end zusätzlicheBücher

  to handle ZurücksetzenBenutzerEigenschaftenDesBuches
      Benutzereigenschaften = userproperties of this book
      step a from 1 to itemcount(Benutzereigenschaften)
          propName = (item a of Benutzereigenschaften)
          value = "0"
          get (propName && "of this book =" && value)
          execute it
      end step
  end ZurücksetzenBenutzerEigenschaftenDesBuches

  to handle mouseEnter
      conditions
          when object of target = "button" and caption of target contains "Hilfe"
              sysCursor = 38

          when object of target = "button" and caption of target contains "Abbrechen"
              sysCursor = cursor id 116

          when object of target = "button" and caption of target contains "Standard"
              if borderstyle of target = "PushButton"
                  sysCursor = cursor id 117
              else
                  sysCursor = 44
              end if

          when object of target = "button"
              sysCursor = 44

          when object of target = "field" and (activated of target) is false
              sysCursor = cursor id 114

          when object of target = "button" and (enabled of target) is false
```

```
      sysCursor = cursor id 120
   end conditions
end mouseEnter

to handle mouseLeave
      sysCursor = 1
end mouseLeave

to handle fenster_präsentation
      if visible of viewer "Präsentation" = false
         show viewer "Präsentation"
      else   close viewer "Präsentation"
      end if
end fenster_präsentation

to handle fenster_Lernbereiche
      if visible of viewer "Lernbereiche" = false
         show viewer "Lernbereiche"
      else   close viewer "Lernbereiche"
      end if
end fenster_Lernbereiche

to handle fenster_Systemeinstellungen
      if visible of viewer "Systemeinstellungen" = false
         show viewer "Systemeinstellungen"
      else   close viewer "Systemeinstellungen"
      end if
end fenster_Systemeinstellungen

to handle fenster_persönlicheDaten
      if visible of viewer "persönlicheDaten" = false
         show viewer "persönlicheDaten"
      else   close viewer "persönlicheDaten"
      end if
end fenster_persönlicheDaten

to handle fenster_Lernpräferenzen
      if visible of viewer "Lernpräferenzen" = false
         show viewer "Lernpräferenzen"
      else   close viewer "Lernpräferenzen"
      end if
end fenster_Lernpräferenzen

to handle fenster_navigation
      if visible of viewer "Navigation" = false
```

```
        else
            show viewer "Navigation"
            close viewer "Navigation"
        end if
end fenster_navigation

to handle fenster_Textfeld
    if visible of viewer "Textfeld" = false
        show viewer "Textfeld"
    else
        close viewer "Textfeld"
    end if
end fenster_Textfeld

to handle fenster_SessionsÜbersicht
    if visible of viewer "SessionsÜbersicht" = false
        show viewer "SessionsÜbersicht"
    else
        close viewer "SessionsÜbersicht"
    end if
end fenster_SessionsÜbersicht

to handle fenster_Tools
    if visible of viewer "Tools" = false
        show viewer "Tools"
    else
        close viewer "Tools"
    end if
end fenster_Tools

to handle fenster_Karteikasten
    if visible of viewer "Karteikasten" = false
        show viewer "Karteikasten"
    else
        close viewer "Karteikasten"
    end if
end fenster_Karteikasten

--------------------------------------------------
--------------------------------------------------
--DLLs linken und entsprechende Funktionen aktivieren
--------------------------------------------------
--linken der DOS-DLL
to handle linktb30DosDll
    if linktb30dosdll of this book is not "gelinkt" then
        linkdll "tb30DOS.dll"
            INT moveFile(STRING,STRING)
            INT setFileAttributes(STRING,STRING)
            INT fileExists(STRING)
        end linkdll
        linktb30dosdll of this book = gelinkt
    end if
```

```
end LinkTb30DosDll

--Linken der DLG (Dialog-) DLL
to handle LinkTb30DialogDll
    if LinkTb30DialogDll of this book is not "gelinkt" then
        linkdll "tb30dlg.dll"
            STRING openFileDlg(STRING,STRING,STRING,STRING,INT)
            STRING saveAsDlg(STRING,STRING,STRING,STRING,INT)
            STRING chooseDirectoryDlg(STRING,STRING)
            STRING chooseColorDLG(BYTE,BYTE,BYTE)
        end linkdll
        LinkTb30DialogDll of this book = gelinkt
    end if
end LinkTb30DialogDll

--------------------------------------------------------
--Login-Prozeduren
--------------------------------------------------------
to handle login BenutzerLogin
    if BenutzerLogin = "RegistrierterBenutzer" then
        BenutzerLogin of this book = BenutzerLogin
        send BenutzerEigenschaftenEinlesen
        send Session öffnen
        close viewer "Login"
        show viewer "Lernbereiche"
        send BenutzerHintergrundFarbe laden
    else
        BenutzerLogin of this book = BenutzerLogin
        close viewer "Login"
        open viewer "PersönlicheDaten"
        Hilfe of this book = BubbleHelp
        BenutzerAnredeForm of this book = "förmlich"
    end if
end login

to handle Objekteverändern            --Veränderungen der Verfügbarkeit von Feldern etc. im viewer LOGIN
    in viewer "Login"
    if text of combobox "RegUser" is "<neuer Benutzer>" then
        activated of field "LoginUserPasswort" = true
        fillColor of field "LoginUserPasswort" = lightgray        --Grau für das Passwortfeld
        clear text of field "LoginUserPasswort"
        enabled of button "aktiv" = false         --keine Eingaben für BNM
        enabled of button "passiv" = false
        enabled of button "OK" = true
    else
        set activated of field "LoginUserPasswort" to false --weiß für das Passwortfeld
        fillColor of field "LoginUserPasswort" = white        --button "OK" auf verfügbar
        enabled of button "aktiv" = true
        enabled of button "passiv" = true          --Eingaben für BNM
        enabled of button "OK" = false
                                                   --button "OK" auf nicht verfügbar
    end if
```

```
      end in
  end Objekteverändern

  to handle LoginPasswortauswerten
      local PasswortEingegeben
      local PasswortDatenbank
      local BenutzerName
      local UserId

      in viewer "login"
          if text of field "LoginUserPasswort" is not "" and text of field "LoginUserPasswort" is not null then

              SpaltenWert = ""&(text of combobox "RegUser")&"'"

"&&Spaltenwert)              PasswortDatenbank = textline 2 of selectSQL("Select    BenutzerPasswort  from   UserIdentification  where   BenutzerLoginname =

              if PasswortDatenbank is not passwort of field "LoginUserPasswort" then
                  send Warnicon 1
                  enabled of button "OK" = false
                  send requester "Das eingegebene Passwort ist nicht gültig! Bitte korrigieren Sie Ihre Eingabe.",1,"left","OK"
                  passwort of field "LoginUserPasswort" = ""
                  text of field "LoginUserPasswort" = ""
                  enabled of button "OK" = false
                  break LoginPasswortauswerten
              else
                  UserId = textline 2 of selectSQL('Select UserID from UserIdentification where BenutzerLoginname = UserID
                  UserID of this book = UserID
                  Passwortchecked of this book = true                                           --button "OK" auf nicht verfügbar

              end if
          enabled of button "OK" = true
      end in
  end LoginPasswortauswerten

-----------------------------------------------------------------------------
--Routinen zum Vergleich der BN-Daten, füllen der BenutzerProperties----------
-----------------------------------------------------------------------------
  to handle BenutzerEigenschaftenEinlesen
      system BenutzerDaten                                --liest aus UserIdentification BenutzerDaten aus und legt sie mit
      local EigenschaftsBezeichnung                       --ihrem Bezeichnungen als Bucheigenschaften ab
      local EigenschaftsWert                              --Die Systemvariable bleibt als Korrekturvariable bei Datenänderungen
                                                          --im System vorhanden
      BenutzerDaten = selectSQL('select * from UserIdentification where UserID = "' && UserId of this book)
      step a from 1 to itemCount (textline 1 of BenutzerDaten)
          send sandUhr
          EigenschaftsBezeichnung = item a of textline 1 of Benutzerdaten
          EigenschaftsWert = item a of textline 2 of BenutzerDaten
          if EigenschaftsWert = null then
              EigenschaftsWert = "0"
          end if
```

```
      if Eigenschaftswert contains " " or Eigenschaftswert contains "-" then
          end if Eigenschaftswert = ansitochar(34)&Eigenschaftswert&ansitochar(34)
          get Eigenschaftsbezeichnung && "of this book =" && Eigenschaftswert
          execute it
      end step
   send sanduhr stop
end BenutzerEigenschaftenEinlesen

to handle BenutzerEigenschaftenSpeichern
    system Meldungsantwort
    system BenutzerDaten
    local Eigenschaftsbezeichnung
    local Eigenschaftswert
    local BuchEigenschaftswert

    step a from 1 to itemCount(textline 1 of BenutzerDaten)
        send sanduhr
        Eigenschaftsbezeichnung = item a of textline 1 of BenutzerDaten          --Prüfung, ob Änderungen erfolgt sind
        BuchEigenschaftswert = item a of textline 2 of BenutzerDaten
        if Eigenschaftswert = evaluate(Eigenschaftsbezeichnung && "of this book")
          end if   BuchEigenschaftswert contains ansitoChar(34) then
                   Eigenschaftswert = (ansitoChar(34))&BuchEigenschaftswert&ansitoChar(34))
        if Eigenschaftswert <> BuchEigenschaftswert :=then
          send requester "Die Daten wurden geärdert! MÖchten Sie die Änderungen speichern?",2,"left","Ja","Nein"
          if Meldungsantwort is "Ja" then
                datenÄnderungen of this book = "true"
          else
                datenÄnderungen of this book = "false"
          end if
          break step
        end if

    end step

    send sanduhr stop

    if datenÄnderungen of this book = true
          --Speicherung der Änderungen. Beginn erst ab item 2, da das erste item die
          --UserID ist. Sie ist nicht veränderbar! (Datenbankfehler)
          --Damit die Abfrage nicht erfolgt, wenn eine Speicherung
          --wird nach dem UPDATE die Systemvariable BenutzerDaten neu durch das Auslesen der
          --geänderten Daten belegt.

    step a from 2 to itemCount(textline 1 of BenutzerDaten)
        send sanduhr
        Eigenschaftsbezeichnung = item a of textline 1 of BenutzerDaten
        BuchEigenschaftswert = item a of textline 2 of BenutzerDaten
        if Eigenschaftswert = evaluate(Eigenschaftsbezeichnung && "of this book")
          if Eigenschaftswert contains ansitoChar(34) then
                BuchEigenschaftswert = (ansitoChar(34))&BuchEigenschaftswert&ansitoChar(34))
```

Anhang C: Programmcode

```
          end if
          get updateSQL("update UserIdentification set" && EigenschaftsBezeichnung && "= '"&BuchEigenschaftsWert&"'" && \
              "where UserId =" && (UserId of this book))
        end step
        BenutzerDaten = selectSQL("select * from UserIdentification where UserId =" && UserId of this book)
      end if
      send sanduhr stop
    end BenutzerEigenschaftenSpeichern

    to handle BenutzerdatenFüllen ViewerBezeichnung, Leerzeichen
      local FelderListe
      local GruppenInhalt
      local Eigenschaftsbezeichnung
      local EigenschaftsWert
      local BenutzerEigenschaften

      BenutzerEigenschaften = userProperties of this book
      open viewer ViewerBezeichnung
      in viewer ViewerBezeichnung
      --Füllt die Eingabefelder mit den eingelesenen Eigenschaften
      FelderListe = objects of this page
      step a from 1 to itemCount(FelderListe)
        if item a of FelderListe contains "group" then
          GruppenInhalt = objects of item a of FelderListe
          step b from 1 to itemCount(GruppenInhalt)
            send SandUhr
            conditions
              when item b of GruppenInhalt contains "field"
                Eigenschaftsbezeichnung = name of item b of GruppenInhalt && "of this book"
                if name of item b of GruppenInhalt is in BenutzerEigenschaften then
                  EigenschaftsWert = evaluate(Eigenschaftsbezeichnung)
                else
                  EigenschaftsWert = null
                end if
                if name of item b of GruppenInhalt is in EigenschaftsBezeichnung and Leerzeichen = null then    --Setzt den Text von
                  text of item b of GruppenInhalt = EigenschaftsWert                                             --Setzt den Text
Textfeldern
                else                                                                                            --setzt, füllt die
                  text of item b of GruppenInhalt = ""
EigenschaftstextfeldEigenschaft                                                                                 --auf leer; wenn Eigenschaft ge-
                end if
--das Textfeld
              when item b of GruppenInhalt contains "combobox"
                Eigenschaftsbezeichnung = name of item b of GruppenInhalt && "of this book"
                if name of item b of GruppenInhalt is in BenutzerEigenschaften then
                  EigenschaftsWert = evaluate(Eigenschaftsbezeichnung)
                else
                  EigenschaftsWert = null
                end if
```

```
Combobox
                if name of item b of GruppenInhalt is in EigenschaftsBezeichnung and LeerZeichen = null then
                    text of item b of GruppenInhalt = EigenschaftsWert
                else
                    --Setzt beim Leeren den Text der Combobox auf das erste Element der
                    text of item b of GruppenInhalt = item 1 of dropdownItems of item b of GruppenInhalt
                end if

                when item b of GruppenInhalt contains "button"
                step c from 1 to item:count(BenutzerEigenschaften)
                    EigenschaftsBezeichnung = item c of BenutzerEigenschaften)
                    EigenschaftsWert = evaluate(EigenschaftsBezeichnung)
                    if EigenschaftsWert = name of item b of GruppenInhalt and LeerZeichen = null then
                        checkel of item b of GruppenInhalt = true
                    end if
                    if EigenschaftsWert = name of item b of GruppenInhalt and LeerZeichen <> null then
                        checked of item b of GruppenInhalt = false
                    end if
                end step
            end conditions
        end step
    end if
end step
end in
send SandUhr stop
show viewer ViewerBezeichnung
end BenutzerdatenFüllen

to handle SystemEinstellungen Aktion
    open viewer "systemEinstellungen"
    in viewer "Systemeinstellungen"
    conditions
        when Aktion = leer
            checked of button "Navigation" = false
            checked of button "Textfeld" = false
            checked of button "Werkzeuge" = false

            checked of button "BenutzerSeitenbeurteilungen" = false

            checked of button "BenutzerLesezeichenGehen" = false
            checked of button "Bubblehelp" = false
            checked of button "shortHelp" = false
            checked of button "BenutzerWarnton" = false

            text of combobox "BenutzerDiskLW" = ""
            text of combobox "BenutzerHDLW" = ""
            text of combobox "BenutzerCDLW" = ""

        when Aktion = Standard
            checked of button "Navigation" = true
            checked of button "Textfeld" = true
            checked of button "Werkzeuge" = true
```

```
send buttonClick to button "Navigation"
send buttonClick to button "Textfeld"
send buttonClick to button "Werkzeuge"

checked of button "BenutzerSeitenbeurteilungen" = true
send buttonClick to button "BenutzerSeitenbeurteilungen"

checked of button "BenutzerLesezeichenGehen" = false
checked of button "Bubblehelp" = true
send buttonClick to button "Bubblehelp"
checked of button "shortHelp" = false
checked of button "BenutzerWarnton" = true
send buttonClick to button "BenutzerWarnton"

text of combobox "BenutzerDiskLW" = "A:"
text of combobox "BenutzerHDLW" = "C:"
text of combobox "BenutzerCDLW" = "D:"

when Aktion = füllen
conditions
    when BenutzerErfahrungen of this book = "Anfänger"
        position of button "Regler" = 2245, (item 2 of position of button "regler")

    when BenutzerErfahrungen of this book = "Fortgeschrittener"
        position of button "Regler" = 4924, (item 2 of position of button "regler")

    when BenutzerErfahrungen of this book = "Experte"
        position of button "Regler" = 7663, (item 2 of position of button "regler")
end conditions

if BenutzerBrowser of this book <> null then
    Browser = BenutzerBrowser of this book
    step c from 1 to wordCount(Browser)
        checked of button (word c of Browser) = true
    end step
end if

if Hilfe of this book <> null then
    Hilfe = Hilfe of this book
    step c from 1 to wordCount(Hilfe)
        checked of button (word c of Hilfe) = true
    end step
end if

if BenutzerWarnton of this book = "ja" then
    checked of button BenutzerWarnton = true
    enabled of button SoundTest = true
end if

if BenutzerLesezeichenGehen of this book = "ja" then
    checked of button BenutzerLesezeichenGehen = true
```

```
end if

if BenutzerSeitenbeurteilungen of this book = "ja" then
    checked of button benutzerSeitenBeurteilungen = true
end if

text of combobox "BenutzerDiskLW" = BenutzerDiskLW of this book
text of combobox "BenutzerHDLW" = BenutzerHDLW of this book
text of combobox "BenutzerCDLW" = BenutzerCDLW of this book

when Aktion = Anfänger
    Systemstereotypen = selectSQL("select * from systemstereotypen where StereotypID = 1")
    BenutzerERRfahrungen of this book = "Anfänge"
    step a from 2 to itemCount(textline 1 of SystemStereotypen)
    conditions
        when item a of textline 1 of Systemstereotypen = "BenutzerBrowser"
            Browser = item a of textline 2 of Systemstereotypen
            step b from 1 to wordCount(Browser)
                checked of button (word b of Browser) = true
                send buttonClick to button (word b of Browser)
            end step

        when item a of textline 1 of Systemstereotypen = "Hilfe"
            Hilfe = item a of textline 2 of Systemstereotypen
            checked of button Hilfe = true
            send buttonClick to button Hilfe

        when item a of textline 1 of Systemstereotypen = "BenutzerDiskLW"
            text of combobox "BenutzerDiskLW" = item a of textline 2 of Systemstereotypen
            send leaveField to combobox "BenutzerDiskLW"

        when item a of textline 1 of Systemstereotypen = "BenutzerHDLW"
            text of combobox "BenutzerHDLW" = item a of textline 2 of Systemstereotypen
            send leaveField to combobox "BenutzerHDLW"

        when item a of textline 1 of Systemstereotypen = "BenutzerCDLW"
            text of combobox "BenutzerCDLW" = item a of textline 2 of Systemstereotypen
            send leaveField to combobox "BenutzerCDLW"

        when item a of textline 1 of Systemstereotypen = "BenutzerWarnton"
            checked of button BenutzerWarnton = true
            send buttonClick to button BenutzerWarnton

        when item a of textline 1 of Systemstereotypen = "BenutzerSeitenbeurteilungen"
            checked of button "BenutzerSeitenbeurteilungen" = true
            send buttonClick to button "BenutzerSeitenbeurteilungen"
    end conditions
end step
```

```
when Aktion = Fortgeschrittener
  Systemstereotypen = selectSQL("select * from systemstereotypen where StereotypID = 2")
  BenutzerERfahrungen of this book = "Fortgeschrittener"
  step a from 2 to itemCount(textline 1 of SystemStereotypen)
    conditions
      when item a of textline 1 of Systemstereotypen = "BenutzerBrowser"
        Browser = item a of textline 2 of Systemstereotypen
        step b from 1 to wordCount(Browser)
          checked of button (word b of Browser) = true
          send buttonClick to button (word b of Browser)
      end step

      when item a of textline 1 of Systemstereotypen = "Hilfe"
        Hilfe = item a of textline 2 of Systemstereotypen
        checked of button Hilfe = true
        send buttonClick to button Hilfe

      when item a of textline 1 of Systemstereotypen = "BenutzerDiskLW"
        text of combobox "BenutzerDiskLW" = item a of textline 2 of Systemstereotypen
        send leaveField to combobox "BenutzerDiskLW"

      when item a of textline 1 of Systemstereotypen = "BenutzerHDLW"
        text of combobox "BenutzerHDLW" = item a of textline 2 of Systemstereotypen
        send leaveField to combobox "BenutzerHDLW"

      when item a of textline 1 of Systemstereotypen = "BenutzerCDLW"
        text of combobox "BenutzerCDLW" = item a of textline 2 of Systemstereotypen
        send leaveField to combobox "BenutzerCDLW"

      when item a of textline 1 of Systemstereotypen = "BenutzerWarnton"
        checked of button BenutzerWarnton = true
        send buttonClick to button BenutzerWarnton

      when item a of textline 1 of Systemstereotypen = "BenutzerSeitenbeurteilungen"
        checked of button "BenutzerSeitenbeurteilungen" = true
        send buttonClick to button "BenutzerSeitenbeurteilungen"
    end conditions
end step

when Aktion = Experte
  Systemstereotypen = selectSQL("select * from systemstereotypen where StereotypID = 3")
  BenutzerERfahrungen of this book = "Experte"
  step a from 2 to itemCount(textline 1 of SystemStereotypen)
    conditions
      when item a of textline 1 of Systemstereotypen = "BenutzerBrowser"
        Browser = item a of textline 2 of Systemstereotypen
        step b from 1 to wordCount(Browser)
          checked of button (word b of Browser) = true
          send buttonClick to button (word b of Browser)
      end step
```

```
when item a of textline 1 of Systemstereotypen = "Hilfe"
checked of button "Bubblehelp" = false
checked of button "shortHelp" = false

when item a of textline 1 of Systemstereotypen = "BenutzerDiskLW"
text of combobox "BenutzerDiskLW" = item a of textline 2 of Systemstereotypen
send leaveField to combobox "BenutzerDiskLW"

when item a of textline 1 of Systemstereotypen = "BenutzerHDLW"
text of combobox "BenutzerHDLW" = item a of textline 2 of Systemstereotypen
send leaveField to combobox "BenutzerHDLW"

when item a of textline 1 of Systemstereotypen = "BenutzerCDLW"
text of combobox "BenutzerCDLW" = item a of textline 2 of Systemstereotypen
send leaveField to combobox "BenutzerCDLW"

when item a of textline 1 of Systemstereotypen = "BenutzerWarnton"
checked of button BenutzerWarnton = true
send buttonClick to button BenutzerWarnton

when item a of textline 1 of Systemstereotypen = "BenutzerSeitenbeurteilungen"
checked of button "BenutzerSeitenbeurteilungen" = true
send buttonClick to button "BenutzerSeitenbeurteilungen"
end conditions

end step

end in
end end conditions
show viewer "Systemeinstellungen"
end SystemEinstellungen

to handle NeuenBenutzerAnlegen
system BenutzerDaten                  --Einlesen eines Datensatzes, dessen UserID = 0.
local SpaltenReihenFolge             --Spalten der Relation Useridentification. Diese
local SpaltenInhalt                          --eigenschaften des Buches abgeglichen werden. Ist die Reihenfolge gesetzt, kann
local EigenschaftsBezeichner --der INSERT-Befehl durchgeführt werden.
local BuchEigenschaftsWert

SpaltenReihenFolge = null
SpaltenInhalt = null

BenutzerDaten = selectSQL("select * from UserIdentification where UserID = 0")

step a from 2 to itemCount(textline 1 of BenutzerDaten)          --wieder ab item 2, da item 1 ein Zähler ist
    EigenschaftsBezeichner = (item a of textline 1 of Benutzerdaten) && "of this book"
;;: etc., um die Werte mit Anführungszeichen zu versehen
    BuchEigenschaftsWert = evaluate(EigenschaftsBezeichner)

            --sonst erfolgt ein Fehler beim Auslesen der Eigenschaften:nach der operation müsen die Daten neu ausgelesen werden,
```

damit die Eigenschaftswerte keine Anführungszeichen

```
thalten
                                                                                 --mehr  en-

        if ":" is in BuchEigenschaftsWert then
                BuchEigenschaftsWert = (ansitoChar(34)&BuchEigenschaftsWert&ansitoChar(34))    --die  ANführungszeichen
werden angehängt, damit sie auch in der DB erscheinen
        else
                BuchEigenschaftsWert = evaluate(EigenschaftsBezeichner)

        end if
        put (item a of textline 1 of Benutzerdaten&",") after SpaltenReihenfolge
        put (""&BuchEigenschaftsWert&""&",") after SpaltenInhalt
end step

clear last char of SpaltenReihenfolge
clear last char of SpaltenInhalt

get InsertSQL("Insert into UserIdentification ("&SpaltenReihenfolge&") Values ("&SpaltenInhalt&")")

BenutzerDaten = selectSQL("select * from UserIdentification where BenutzerLoginname = "&""""&BenutzerLoginname of this book&""")

step b from 1 to itemCount(textline 1 of BenutzerDaten)
        if item b of textline 1 of BenutzerDaten = "UserID" then
                UserID of this book = item b of textline 2 of BenutzerDaten
                break step

        end if

end step

put BenutzerLoginName of this book&crlf after last textline of dropdownitems of combobox "RegUser" of page "Login"
                                          --hier wird der loginname in das berißungsschild gebracht

        send BenutzerEigenschaftenEinlesen
end NeuenBenutzerAnlegen

--------------------------------------------------------------------
--Routinen zu Session-Einträgen
--------------------------------------------------------------------
--Schreiben der SessionEinträge mit ParaMetern Session öffnen und schließen
to handle session Aktion
        local SystemDatum
        local SystemZeit
        system SessionID
        local UserID
        local SpaltenBezeichner
        local TabellenReihenhenFolge
        local SpaltenInhalt
        local Spalten
        local SpaltenWert

        UserID = UserID of this book

        Spalten = ""
        SpaltenWert = ""
```

```
conditions
    when Aktion = "öffnen"
        SessionDateBegin = sysDate
        format date SessionDateBegin as "seconds"
        SessionTimeBegin = sysTime
        format time SessionTimeBegin as "seconds"

        get Anzahldatensätze("select * from UserStatistics where UserID =" && UserId of this book)
        SessionID = ((item 2 of it) + 1)

        TabellenReihenFolge = textline 1 of selectSQL("select * from UserStatistics where UserID =" && UserId of this book)

        step a from 1 to itemCount(textline 1 of TabellenReihenFolge)
            SpaltenBezeichner = item a of textline 1 of TabellenReihenFolge
            SpaltenInhalt = evaluate(SpaltenBezeichner)
            if SpaltenInhalt is SpaltenBezeichner then
                SpaltenInhalt = 9999
            end if
            put SpaltenBezeichner&"," after Spalten
            put SpaltenInhalt&"," after SpaltenWert
        end step

        clear last char of Spalten
        clear last char of SpaltenWert

        get InsertSQL("Insert into UserStatistics ("&Spalten&") Values ("&SpaltenWert&")")

    when Aktion = "schließen"
        SessionDateEnd = sysDate
        format date SessionDateEnd as "seconds"
        SessionTimeEnd = sysTime
        format time SessionTimeEnd as "seconds"

        --Aufbauen der SpaltenBezeichner und SpaltenWert

        put ("SessionDateEnd =" && evaluate(SessionDateEnd)&"," && "SessionTimeEnd=" && evaluate(SessionTimeEnd)) into UpdateWert

        get UpdateSQL("update UserStatistics set =" && UpdateWert && "where UserId =" && UserID of this book && "and SessionID =" && SessionID)

    end conditions
end session

--Routine zum Lesen der Sessions und Anzeigen in einem Fenster

to handle SessionsÜbersicht
    local Sessions
    local SessionInhalt

    if visible of "viewer "SessionsÜbersicht" = false
        send fenster_SessionsÜbersicht
    end if
```

Anhang C: Programmcode

```
in viewer "SessionsÜbersicht"

    sessionInhalt = ""

    Sessions = selectSQL('select * from UserStatistics where UserID =" && UserID of this book && "order by" && Sortierspalte of this page &&
Sortierrichtung of this page)

    Sessions = killpoint(Sessions)

    --Umrechnung
    step a from 2 to textlineCount(Sessions)
        step b from 1 to itemCount(textline a of Sessions)
            conditions
                when item b of textline 1 of sessions contains "Date"
                    item b of textline a of sessions = UmrechnungVonDatenbank(item b of textline a of sessions, Datum)

                when item b of textline 1 of sessions contains "Time"
                    item b of textline a of sessions = UmrechnungVonDatenbank(item b of textline a of sessions, Zeit)
            end conditions
        end step

    end step

    --Rausnehmen von UserID und erster Zeile
    step c from 2 to textlineCount(Sessions)
        clear item 1 of textline c of sessions
    end step
    clear textline 1 of sessions

    --setzten der tabulatoren, Aufebreitung des Textes
    step d from 1 to textlineCount(Sessions)
        step e from 1 to itemCount(textline d of Sessions)
            conditions
                when e = 1
                    put ansitoChar(9) after item e of textline d of sessions

                when e > 1
                    put ansitoChar(9) after item e of textline d of sessions
            end conditions
        end step

    end step

    step f from 1 to charCount(sessions)
        if char f of sessions = "," then
            char f of sessions = " "
        end if
    end step

    put sessions into Text of field "SessionsÜbersicht"
end in
```

```
end sessionsübersicht

to handle SessionsKurzÜbersicht
    local Sessions
    local SessionInhalt

    SessionInhalt = ""
    Angabe = ""
    ZeitdauerGesamt = "0"
    TageGesamt = "0"

    Sessionanzahl = selectSQL("select SessionID from UserStatistics where UserID =" && UserID of this book && "Order by 1 ASC")
    Sessionanzahl = last textline of sessionanzahl

    if SessionAnzahl = "SessionID" then
        send requester "Sie absolvieren Ihre erste Sitzung. Die gewünschte Übersicht ist noch nicht möglich.",1,"center","OK"
    else break SessionsKurzÜbersicht
                                                    --in der Tabelle steht auch noch die begonnene Sitzung
drin
    end if
        Sessionanzahl = Sessionanzahl - 1

    clear last char of SessionInhalt

    Sessions = selectSQL('select * from UserStatistics where UserID =" && UserID of this book)

    Sessions = killPoint(Sessions)

    --löschen der ersten Zeile und der Zeile, die die höchste SessionID hat, da sie noch nicht abgeschlossen ist
    clear textline 1 of sessions
    clear last textline of sessions

    step a from 1 to textlineCount(sessions)
        step b from 3 to itemCount(textline a of Sessions)       --ab 3, da erst da die Zeiten etc. beginnen
            if item 3 of textline a of sessions = -item 4 of textline a of sessions then     --Beginn und Ende an einem Tag
                Zeitdauer = (item 6 of textline a of sessions) - (item 5 of textline a of sessions)
            else
                Zeitdauer = (86400 - item 5 of textline a of sessions) + (item 6 of textline a of sessions)  --Beginn und Ende an unter-
schiedliehn Tagen
            end if
            if ZeitdauerGesamt < 86401 then
                ZeitdauerGesamt = ZeitdauerGesamt + Zeitdauer
            else
                ZeitDauerGesamt = ZeitdauerGesamt + Zeitdauer - 86400
                TageGesamt = TageGesamt + 1
            end if
        end step
    end step

    if TageGesamt <> 0 then
```

```
end if

    Angabe = TageGesamt && "Tage und"&ansitochar(32)

if ZeitdauerGesamt <> null then
    ZeitdauerGesamt = UmrechnungvonDatenbank(ZeitdauerGesamt, Zeit)
    put (ZeitdauerGesamt && "Stunden.") after Angabe
end if

send requester ("Die abgeschlossenen" && SessionAnzahl && "Sitzungen dauerten"&crlf&"bisher:" && Angabe),1,"center", "OK"
end SessionskurzÜbersicht
-------------------------------------------------------------------
--Funktionen der Präsentationsformen
-------------------------------------------------------------------
to handle LernertypenEinstellung PreAktion, Aktion
    local StereotypenNummer
    local Klickbar
    local LernTyp
    local FeldReihenFolge
    local Reihenfolge
    local FelderWert
    local UpdateInhalt
    local hilfe

    StereotypenNummer = ""
    Klickbar = ""
    FeldReihenFolge = ""
    Reihenfolge = ""
    FelderWert = ""
    UpdateInhalt = ""

    if visible of viewer "Präsentation" = false
        send fenster_Präsentation
    end if

    in viewer "Präsentation"

    conditions
        when PreAktion = StereotypenLesen
        conditions
            when Aktion = normal            --Felder werden auf Standard gesetzt, Anpassung deaktiviert
                Stereotypennummer = 1
                Klickbar = false

            when Aktion = TextuellerLerner  --Felder werden auf Stereotypen gesetzt, Anpassung aktiviert
                Stereotypennummer = 2
                Klickbar = true

            when Aktion = VisuellerLerner
                Stereotypennummer = 3
                Klickbar = true
```

```
        when Aktion = Multimedia
             Stereotypennummer = 4
             Klickbar = true
        end conditions

        Lerntyp = selectSQL("select * from Lernstereotypen where StereotypID =" && Stereotypennummer)

        step a from 3 to itemcount(textline 1 of Lerntyp
             send sanduhr
             conditions
                  when (item a of textline 2 of Lerntyp) = "Text"
                       text of combobox (item a of textline 1 of Lerntyp) = textline 1 of dropdownitems of combobox (item a of textline 1 of
Lerntyp)

                  when (item a of textline 2 of Lerntyp) = "TextGrafik"
                       text of combobox (item a of textline 1 of Lerntyp) = textline 2 of dropdownitems of combobox (item a of textline 1 of
Lerntyp)

                  when (item a of textline 2 of Lerntyp) = "TextGrafikAnimation"
                       text of combobox (item a of textline 1 of Lerntyp) = textline 3 of dropdownitems of combobox (item a of textline 1 of
Lerntyp)

                  when (item a of textline 2 of Lerntyp) = "Multimedia"
                       text of combobox (item a of textline 1 of Lerntyp) = textline 4 of dropdownitems of combobox (item a of textline 1 of
Lerntyp)

             end conditions
             enabled of combobox (item a of textline 1 of Lerntyp) = Klickbar
        end step

        enabled of button "Regler" = klickbar

        if aktion = normal then
             position of button "Regler" = 2805, (item 2 of position of button "regler")
             checked of button "NormalerLerner" = true
             checked of button "AnpassungLerner" = false
        end if

        send sanduhr stop

        when PreAktion = BenutzerSchreiben

--    hier wird erstmal die Feldeinstellung "egal" durch die StandardLernereinstellung ersetzt!

        hilfe = selectSQL("select * from Lernstereotypen where StereotypID = 1")

        step aa from 3 to itemCount(textline 1 of hilfe)
             send sanduhr
             if text of combobox (item aa of textline 1 of hilfe) = "egal"
             conditions
                  when (item aa of textline 2 of hilfe) = "Text"
```

```
of hilfe)                 text of combobox (item aa of textline 1 of hilfe) = textline 1 of dropdownitems of combobox (item aa of textline 1

                          when (item aa of textline 2 of hilfe) = "TextGrafik"
of hilfe)                 text of combobox (item aa of textline 1 of hilfe) = textline 2 of dropdownitems of combobox (item aa of textline 1

                          when (item aa of textline 2 of hilfe) = "TextGrafikAnimation"
of hilfe)                 text of combobox (item aa of textline 1 of hilfe) = textline 3 of dropdownitems of combobox (item aa of textline 1

                          when (item aa of textline 2 of hilfe) = "Multimedia"
of hilfe)                 text of combobox (item aa of textline 1 of hilfe) = textline 4 of dropdownitems of combobox (item aa of textline 1

                end if
              end conditions
          send sanduhr stop
      end step

----hier gehts dann normal weiter
      FeldReihenfolge = selectSQL("select * from BenutzerPräsentation")

      UserID = UserID of this book

      put "UserID," into Reihenfolge

      put UserID&"," into FelderWert

      step a from 2 to itemCount(textline 1 of Feldreihenfolge)
          put item a of textline 1 of Feldreihenfolge&"," after Reihenfolge
          Feldinhalt = text of combobox (item a of textline 1 of Feldreihenfolge)
          step b from 1 to charCount(Feldinhalt)
              if char b of Feldinhalt = " " then
                  clear char b of Feldinhalt
              end if
          end step
          step c from 1 to charCount(Feldinhalt)
              if char c of Feldinhalt = "," then
                  clear char c of Feldinhalt
              end if
          end step
          put ("."&Feldinhalt&",") after FelderWert
      end step

      clear last char of FelderWert
      clear last char of Reihenfolge

      step d from 1 to textlineCount(FeldReihenfolge)       --Suche nach vorhandener UserID. Wenn vorhanden, dann nur update
          send sanduhr                                      --funktion, kein neuer Datensatz
          if (item 1 of textline d of FeldReihenfolge) = userId of this book then
```

```
send requester "Sollen die Änderungen gesichert werden?",2,"center","Ja","Nein"
    if it is "Nein" then
        send fenster.Präsentation
        break LernerTypenEinstellung
    end if

    clear item 1 of Reihenfolge
    clear item 1 of FelderWert

    step e from 1 to itemCount(Reihenfolge)
        put item e of Reihenfolge&"="&item e of FelderWert&"," after UpdateInhalt
    end step

    clear last char of UpdateInhalt

    get updateSQL("Update BenutzerPräsentation set "&UpdateInhalt&" where UserId =" && UserId of this book)

    break LernerTypenEinstellung
    send sanduhr stop
end step

get InsertSQL("Insert into BenutzerPräsentation ("&Reihenfolge&") values ("&FelderWert&")")        --neuer Datensatz

when PreAktion = BenutzerLesen
Lerntyp = selectSQL("select * from BenutzerPräsentation where UserID =" && UserId of this book)

step a from 2 to itemcount(textline 1 of Lerntyp)
send sanduhr
    conditions
        when (item a of textline 2 of Lerntyp) = "Text"
            text of combobox (item a of textline 1 of Lerntyp) = textline 1 of dropdownitems of combobox (item a of textline 1 of       Lerntyp)

        when (item a of textline 2 of Lerntyp) = "TextGrafik"
            text of combobox (item a of textline 1 of Lerntyp) = textline 2 of dropdownitems of combobox (item a of textline 1 of       Lerntyp)

        when (item a of textline 2 of Lerntyp) = "TextGrafikAnimation"
            text of combobox (item a of textline 1 of Lerntyp) = textline 3 of dropdownitems of combobox (item a of textline 1 of       Lerntyp)

        when (item a of textline 2 of Lerntyp) = "Multimedia"
            text of combobox (item a of textline 1 of Lerntyp) = textline 4 of dropdownitems of combobox (item a of textline 1 of       Lerntyp)

    end conditions
    enabled of combobox (item a of textline 1 of Lerntyp) = true
send sanduhr stop
end step

enabled of button "Regler" = true
checked of button "normalerLerner" = false
```

```
        checked of button "AnpassungLerner" = true

      end conditions
    end in
end LernertypenEinstellung

----------------------------------------------------
--Navigationsfunktionen
----------------------------------------------------
to handle SeitenWechsel Aktion
    system Pfadbezeichnung
    system Lerntiefe
    system Präsentationsform
    system PfadID
    system PfadInhalt
    system PfadPosition

conditions
    when Aktion = Beginn
        --aus der BN-DB wird jetzt die Präsentationsart für die ausgewählte Pfadtiefe (Expertenwissen etc.) geholt evtl. löschen!!
        --doppelte Erhebung, auch in Pfadsuche; dabei wird hier die evtl. ausgewählte Präs.-form überschrieben --> DB-Fehler
        Präsentationsform = textline 2 of selectSQL("select" && Lerntiefe && "from BenutzerPräsentation where UserID =" && UserID of this book)

        --aus der DB Pfadbeschreibung wird die PfadID geholt, die sich aus den Variablen ergibt

        Suchbegriff = ("Pfadbezeichnung = ''&Pfadbezeichnung&'' and Medienart = ''&Präsentationsform&'' and Lerntiefe = ''&Lerntiefe&''")

        PfadID = textline 2 of selectSQL("select PfadID from Pfadbeschreibung where" && Suchbegriff)

        --aus der InhaltsDB werden die Seiten des Pfades geholt

        PfadInhalt = selectSQL("select PfadInhalt, ReihenFolge from PfadInhalt where PfadID =" && PfadID)

        clear textline 1 of PfadInhalt

        PfadInhalt = killPoint(PfadInhalt)

        send fenster_Lernbereiche

        Dateiname = item 1 of textline 1 of PfadInhalt
        PfadPosition = 1

        sysLockScreen = true

        open viewer "Bühne"
        in viewer "Bühne"
          end in    send SeitenEinfügen Dateiname
        show viewer "Bühne"
```

```
send BenutzerViewerÖffnen

sysLockScreen = false

when Aktion = nächsteSeite
if Pfadposition = textlineCount(PfadInhalt) then
else      PfadPosition = 1
          PfadPosition = PfadPosition + 1
end if
Dateiname = item 1 of textline PfadPosition of PfadInhalt

syslockscreen = true

in viewer "Bühne"
end in      send SeitenEinfügen Dateiname

syslockscreen = false

when Aktion = vorherigeSeite
if Pfadposition = 1 then
else      Pfadposition = textlineCount(PfadInhalt)
          PfadPosition = PfadPosition - 1
end if
Dateiname = item 1 of textline PfadPosition of PfadInhalt
syslockscreen = true

in viewer "Bühne"
end in      send SeitenEinfügen Dateiname

syslockscreen = false

when Aktion = letzteSeite
PfadPosition = textlineCount(PfadInhalt)
Dateiname = item 1 of textline PfadPosition of PfadInhalt
syslockscreen = true

in viewer "Bühne"
end in      send SeitenEinfügen Dateiname

syslockscreen = false

when Aktion = ersteSeite
PfadPosition = 1;
Dateiname = item 1 of textline PfadPosition of PfadInhalt
syslockscreen= true

in viewer "Bühne"
```

```
            send SeitenEinfügen Dateiname

        syslockscreen = false

    when Aktion = Import
        send fenster_Lernbereiche

    Dateiname = item 1 of textline 1 of Pfadinhalt
    PfadPosition = 1

    syslockScreen = true

    open viewer "Bühne"
    in viewer "Bühne"
        send SeitenEinfügen Dateiname
    end in
    show viewer "Bühne"

    send BenutzerViewerÖffnen         --öffnet die in den Eigenschaften eingestellten Viewer

    syslockScreen = false

end conditions

end SeitenWechsel

to handle PfadSuche ButtonName
    system Meldungsantwort
    system Pfadbezeichnung
    system Lerntiefe
    system Präsentationsform
    local buttonanzahl

    buttonanzahl = 0

--aus der BN-DB wird jetzt die Präsentationsart für die ausgewählte Pfadtiefe (Expertenwissen etc.) geholt WICHTIG!!!

    Präsentationsform = textline 2 of selectSQL("select" && Lerntiefe && "from BenutzerPräsentation where UserID =" && UserID of this book)

--aus der DB Pfadbeschreibung wird die PfadID geholt, die sich aus den Variablen ergibt

    Suchbegriff = ("Pfadbezeichnung = ''&Pfadbezeichnung&'' and Medienart = ''&Präsentationsform&'' and Lerntiefe = ''&Lerntiefe&''")

    ZeilenAnzahl = selectSQLPfade("select PfadID from Pfadbeschreibung where" && Suchbegriff)

    if ZeilenAnzahl < 1 then                --den angegebenen Pfad gibt es dann nicht in der Präsentationsform

        Kaskade = textline 2 of Kaskade()             --die bevorzugten Präsentationsarten werden in ihrer Häufigkeit ermittelt

        Suchbegriff = ("Pfadbezeichnung = ''&Pfadbezeichnung&'' and Lerntiefe = ''&Lerntiefe&''")  --Abfrage nach verfügbaren Pfaden
        --die möglichen Pfade werden ermittelt
```

```
VerfügbarePfadPräsentationen = selectSQL("select Medienart from Pfadbeschreibung where" && Suchbegriff)

clear textline 1 of VerfügbarePfadPräsentationen

if item 1 of Kaskade is in VerfügbarePfadPräsentationen then
    hallo = "Der ausgewählte Pfad liegt in dieser Präsentationsform vor."
else
    if textlineCount(VerfügbarePfadPräsentationen) > 1 then
        hallo = "Der ausgewählte Pfad liegt auch in dieser Präsentationsform nicht vor." & crlf &\
        "Er ist lediglich in Form von" && textline 1 of VerfügbarePfadPräsentationen && "und" &&\
        textline 2 of VerfügbarePfadPräsentationen && "vorhanden." & crlf & "Bitte wählen Sie aus:"
    else
        hallo = "Der ausgewählte Pfad liegt auch in dieser Präsentationsform nicht vor." & crlf &\
        "Er ist lediglich in Form von" && textline 1 of VerfügbarePfadPräsentationen && "vorhanden." & crlf &\
        "Bitte wählen Sie aus:"
    end if
end if

Auswahl1 = textline 1 of VerfügbarePfadPräsentationen
Auswahl2 = textline 2 of VerfügbarePfadPräsentationen

if Auswahl1 <> "" then
    ButtonanZahl = 2
end if

if Auswahl2 <> "" then
    ButtonAnZahl = 3
end if

If buttonAnzahl = 0 then
    buttonanzahl = 1
end if

send requester ("Der gewünschte Lernbereich liegt in der gewählten Präsentationsform leider nicht vor!"&crlf&"Sie bevorzugen" &&\
"die Präsentationsform" && item 1 of Kaskade"."&crlf & hallo),buttonAnzahl,"left","Abbrechen",Auswahl1,Auswahl2

if Meldungsantwort is "Abbrechen" then
    checked of button ButtonName = false
    Lerntiefe = ""
else
    put Meldungsantwort into Präsentationsform                    --Systemvariable wird gesetzt
end if
```
```
    end if

end PfadSuche

to get Kaskade
    Textanzahl = 0
    TextGrafikanzahl = 0
    Multimediaanzahl = 0
```

```
Benutzervorliebe = selectSQL("select * from BenutzerPräsentation where UserID =" && UserID of this book)

step a from 2 to itemCount(textline 1 of Benutzervorliebe)
    conditions
        when item a of textline 2 of BenutzerVorliebe = "Text"
            Textanzahl = Textanzahl + 1

        when item a of textline 2 of BenutzerVorliebe = "TextGrafik"
            TextGrafikanzahl = TextGrafikanzahl + 1

        when item a of textline 2 of BenutzerVorliebe = "Multimedia"
            Multimediaanzahl = Multimediaanzahl + 1
    end conditions
end step
--Sortierung der Präferenzen mit Übermittlung der Präsentationsarten

put "Textanzahl","&"TextGrafikanzahl"&"Multimediaanzahl into textline 1 of Auswertung
put "Text,TextGrafik,Multimedia" into textline 2 of Auswertung
Auswertungshilfe = ""
do
    step a from 1 to (itemCount(textline 1 of Auswertung) -1)
        if item a of textline 1 of Auswertung < item a + 1 of textline 1 of Auswertung then
            textline 1 of Auswertungshilfe = item a of textline 1 of Auswertung
            textline 2 of Auswertungshilfe = item a of textline 2 of Auswertung
            clear item a of textline 1 of Auswertung
            clear item a of textline 2 of Auswertung
            put ","&(textline 1 of Auswertungshilfe) after textline 1 of Auswertung
            put ","&(textline 2 of Auswertungshilfe) after textline 2 of Auswertung
        end if
        if Auswertungshilfe = "" then
            Auswertungseigenschaft of this book = false
        else
            Auswertungseigenschaft of this book = true
            Auswertungshilfe = ""
            break step
        end if
    end step
until Auswertungseigenschaft of this book = false

return Auswertung

end Kaskade

--------------------------------------------------------
--Funktionen fürs Lesezeichen
--------------------------------------------------------
to handle Lesezeichen Aktion
    system Meldungsanwort
```

```
in viewer "Bühne"
    Lesezeichen = Dateiname of paintobject "zzz"
end in
conditions
    when Aktion is setzen
        Lesezeichen of this book = Lesezeichen
        vorhanden = selectSQLfade("select userID from LeseZeichen where UserID =" && Userid of this book)
        if vorhanden <> 0 then
            send requester "Soll das bestehende Lesezeichen ersetzt werden?",2,"center","Ja","Nein"
            if Meldungsantwort is "Ja" then
                get updateSQL("update Lesezeichen set ObjectID = ''&Lesezeichen of this book&'' where Userid =" && UserID of this book)
            end if
        else
            get insertSQL("insert (UserID, ObjectID) values ("&UserID of this book&", ''&Lesezeichen of this book&''')")
        end if

    when Aktion is löschen
        Lesezeichen of this book = ""
        get deleteSQL("delete from Lesezeichen where Userid =" && UserID of this book)

    when Aktion is hinspringen
        vorhanden = selectSQLfade("select userID from LeseZeichen where UserID =" && Userid of this book)
        if vorhanden <> 0 then
            Lesezeichen = textline 2 of selectSQL("select ObjectID from Lesezeichen where Userid =" && UserID of this book)
        end if      --eigentlich müßte hier jetzt die Seite angezeigt werden, jedoch ist das abhängig vom Pfad
    end conditions
end LeseZeichen

--------------------------------------------------------
--Funktionen -I-
--------------------------------------------------------
to handle SeitenEinfügen Dateiname
    system SessionID
    system Pfadinhalt
    system PfadPosition
    system Understandinglevel
    local UserId

    UserID = UserID of this book

    if objects of this page contains paintobject then
        if BenutzerSeitenBeurteilungen of this book = "ja" then
            show viewer "Seitenbeurteilung" as modal
        end if
    --hier wird die alte Seite in DB BesuchteObjekte eingetragen und dann die nächste Seite angezeigt

    LeaveTime = sysTime
    format time LeaveTime as "seconds"
```

```
EnterTime = Eintrittszeit of paintobject "zzz"

BesuchteSeiten = Dateiname of paintobject "zzz"

Suchbegriff = ("UserID =" && UserID && "and SessionID = '"&SessionID&"'" and BesuchteSeiten = '"&BesuchteSeiten&"'" && \
"and EnterTime = '"&EnterTime&"'")

UpdateInhalt = ("LeaveTime = '"&LeaveTime&"', UnderstandingLevel = '"&UnderstandingLevel&"'")

    if UnderstandingLevel = "" then
        UnderstandingLevel = none
    end if

    get updateSQL("update BesuchteObjekte set" && UpdateInhalt && "where" && Suchbegriff)

    --hier werden die Texte gesichert

    send TextFeld TextDateiSpeichern

end if   clear paintobject "zzz"

--hier wird das neue Bild auf der Bühne positioniert

EnterTime = sysTime
format time EnterTime as "seconds"

importGraphic "c:\diplom\program\atome\"&Dateiname&".bmp"
linestyle of selection = 0
position of selection = 75,60
name of selection = "zzz"
send sendToBack
Eintrittszeit of selection = EnterTime
Dateiname of selection = dateiname

--hier wird die neue Seite, Zeit etc. in DB BesuchteObjekte eingetragen

BesuchteSeiten = item 1 of textline PfadPosition of PfadInhalt

Spaltenreihenfolge = "UserID, SessionID, BesuchteSeiten, EnterTime, LeaveTime, UnderstandingLevel"
Spalteninhalt = (UserID&", '"&SessionID&"', '"&BesuchteSeiten&"', '"&EnterTime&"', '999', '999'.")

    get InsertSQL("Insert into BesuchteObjekte ("&SpaltenReihenFolge&") Values ("&Spalteninhalt&")")

    send TextFeld Wechsel

end SeitenEinfügen

to handle Anzeigenabschließen            --hier sollen alle Viewer geschlossen, Bilder gelöscht und DB-Einträge erfolgen
    system SessionID
    system PfadInhalt
    system PfadPosition
```

```
system Understandinglevel
local UserId

UserID = UserID of this book

if visible of viewer "Bühne" = true then
    in viewer "Bühne"
        if BenutzerSeitenBeurteilungen of this book = "ja" then
            show viewer "Seitenbeurteilung" as modal
        end if
        --hier wird die alte Seite in DB BesuchteObjekte eingetragen und das Bild gelöscht

        LeaveTime = sysTime
        format time LeaveTime as "seconds"

        EnterTime = Eintrittszeit of paintobject "zzz"

        BesuchteSeiten = Dateiname of paintobject "zzz"

        Suchbegriff = ("UserID =" && UserID && "and SessionID = ''"&SessionID&"' and BesuchteSeiten = '"&BesuchteSeiten&"'" && \
        "and EnterTime = ''"&EnterTime&"'")

        UpdateInhalt = ('LeaveTime = ''"&LeaveTime&"'', UnderstandingLevel = ''"&UnderstandingLevel&"'')

        if UnderstandingLevel = "" then
            UnderstandingLevel = none
        end if

        get updateSQL("update BesuchteObjekte set" && UpdateInhalt && "where" && Suchbegriff)

        --hier werden die Texte gesichert

        send TextFeld TextDateiSpeichern

        clear paintobject "zzz"

    end in
end if

end Anzeigenabschließen

to handle requester Meldungstext,AnzahlButtons, Ausrichtung, Button1, Button2, Button3    --Handler für request-Befehl
    system Meldungsantwort

    Meldungsantwort = ""

    send warnton 1 ;

    open viewer "requester"
    in viewer "Requester"
        conditions
            when AnzahlButtons = 1
```

```
    clear Button2
    clear Button3
    hide button zweiter
    hide button dritter
    show button erster
    caption of button erster = button1
    select button erster
    extend select field "Meldung"
    align vertical
    send VerticalCenters
    unselect field "Meldung" = (item 1 of position of button einer), (item 2 of position of selection)
    position of selection = (item 1 of position of button einer), (item 2 of position of selection)
    clear selection

when AnzahlButtons = 2
    clear Button3
    hide button dritter
    show button erster
    caption of button erster = button1
    show button zweiter
    caption of button zweiter = button2
    select button erster
    extend select button zweiter
    send group
    extend select field "Meldung"
    align vertical
    send VerticalCenters
    unselect field "Meldung" = (item 1 of position of group zweier), (item 2 of position of selection)
    position of selection = (item 1 of position of group zweier), (item 2 of position of selection)
    clear selection

when AnzahlButtons = 3
    show button erster
    caption of button erster = button1
    show button zweiter
    caption of button zweiter = button2
    show button dritter
    caption of button dritter = button3
    select button erster
    extend select button zweiter
    extend select button dritter
    send group
    extend select field "Meldung"
    align vertical
    send VerticalCenters
    unselect field "Meldung" = (item 1 of position of group dreier), (item 2 of position of selection)
    position of selection = (item 1 of position of group dreier), (item 2 of position of selection)
    send ungroup
    clear selection
end conditions
```

```
        text of field "Meldung" = Meldungstext
        textalignment of field "meldung" = Ausrichtung
    end in
    show viewer "requester" as modal
end requester
```

Buch 2ndUser.exe

```
--$$$$$$$$$$$$$$$$$$$$$$$$$$$$$$$$$$$$$$$$$$$$$$$$$$$$$$$$$$$$$$$$$$$$$$$$$$$$$$$$$$$$$$$$$$$$$$$
--*******************************************  2ndUser.Tbk  **********************************
--$$$$$$$$$$$$$$$$$$$$$$$$$$$$$$$$$$$$$$$$$$$$$$$$$$$$$$$$$$$$$$$$$$$$$$$$$$$$$$$$$$$$$$$$$$$$$$$
--*******************************  © by Martin Menzel, März 1996 ****************************
--$$$$$$$$$$$$$$$$$$$$$$$$$$$$$$$$$$$$$$$$$$$$$$$$$$$$$$$$$$$$$$$$$$$$$$$$$$$$$$$$$$$$$$$$$$$$$$$
--*********************  Zweiter Teil des Buches User.Exe ***********************************
--$$$$$$$$$$$$$$$$$$$$$$$$$$$$$$$$$$$$$$$$$$$$$$$$$$$$$$$$$$$$$$$$$$$$$$$$$$$$$$$$$$$$$$$$$$$$$$$
--
--
--
--Funktionen des Karteikastens
--
to handle OpenCardFile
    send fenster_Karteikasten
    in viewer "karteikasten"
            send buttonClick to button "Öffnen"
    end in
end openCardFile

to handle newCardFile
    send fenster_Karteikasten
    in viewer "karteikasten"
            send buttonClick to button "Neu"
    end in
end newCardFile

to handle deleteCardFile
    send fenster_Karteikasten
    in viewer "karteikasten"
            send buttonClick to button "Löschen"
    end in
end deleteCardFile

to handle CloseCardFile Bezeichner
    send fenster_Karteikasten
    in viewer "karteikasten"
            send buttonClick to button "Deaktivieren"
    end in
end CloseCardFile
```

```
to handle insertCard Aktion
   if Karteikasten of this book = "" then
      send requester "Bitte wählen Sie erst einen Karteikasten aus, in den die Seite eingefügt werden soll!",1,"left","OK"
   else
      conditions
         when Aktion = einfügen
            in viewer "Bühne"
               Dateiname = dateiname of paintobject "zzz"
            end in
            Vorhanden = selectSQLPfade("select * from KarteikastenInhalt where InsertedObjectID = '"&Dateiname&"'")
            if vorhanden = 0 then
               get insertSQL("insert into KarteikastenInhalt (CardFileID, InsertedObjectID) values ('"&KarteikastenID of this book&"',
'"&Dateiname&"')")
            end if

         when Aktion = rückgängig
            in viewer "Bühne"
               Dateiname = dateiname of paintobject "zzz"
            end in
            Vorhanden = selectSQLPfade("select * from KarteikastenInhalt where InsertedObjectID = '"&Dateiname&"'")
            if vorhanden <> 0 then
               LetzterDateiname = last textline of selectSQL("select InsertedObjectID from KarteikastenInhalt where UserID =" && UserID
of this book)
               if LetzterDateiname = Dateiname then
                  get deleteSQL("delete from KarteikastenInhalt where UserID =" && UserID of this book && "and InsertedObjectID =
'"&Dateiname&"'")
                  send requester "Einfügen rückgängig gemacht.",1,"center","OK"
               else
                  send requester "Rückgängig nicht möglich.",1,"center","OK"
               end if
            end if
      end conditions
   end if
end insertCard

to handle insertCard_einfügen
   send insertCard einfügen
end insertCard_einfügen

to handle insertCard_einfügen_rückgängig
   send insertCard rückgängig
end insertCard_einfügen_rückgängig

--Textfeld-Funktionen

to handle TextFeld Aktion
   system Meldungsanwort

   if visible of viewer "textFeld" = true then
```

```
conditions
  when Aktion = Grundlinien
  in viewer "textFeld"
    if menuitemchecked("Grundlinien" in Menu "Optionen") = false
      baselines of field "Textfeld" = true
      check menuitem"Grundlinien" in Menu "Optionen"
    else
      baselines of field "Textfeld" = false
      uncheck menuitem"Grundlinien" in Menu "Optionen"
    end if
  end in

  when Aktion = TextExport or Aktion = TextDateiSpeichernAls
  in viewer "textFeld"
    TextFeldInhalt = richtext of field "TextFeld"
    get saveAsDlg("Exportiere Texte in Datei...",null,"c:\diplom\program\anmerkun","Textdatei (*.rtf),*.rtf, Alle Dateien
(*.*),*.*",1)
      FileName = it
      CreateFile Filename
      writeFile TextFeldInhalt to FileName
      CloseFile FileName
  end in

  when Aktion = TextImport
  if visible of viewer "TextFeld" = false
    show viewer "TextFeld"
  end if
  in viewer "TextFeld"
    get openFileDlg("Importiere Texte aus Datei...",null,"c:\diplom\program\anmerkun","Textdatei (*.rtf),*.rtf, Alle Dateien
(*.*),*.*",1)
      if it <> null then
        FileName = it
      else    send Benutzerabbruch

      end if
      OpenFile FileName
      ReadFile FileName to EOF
      CloseFile FileName
      put it after richtext of field "TextFeld"
  end in

  when Aktion = TextDateiSpeichern
  in viewer "TextFeld"
    conditions
      when Speichern of field "TextFeld" is not true
        send requester "Möchten Sie die Anmerkungen speichern?",2,"center","Ja","Nein"
        if Meldungsanwort is "Ja" then
          send TextFeldDateiname
        end if

      when Speichern of field "TextFeld" = true
```

```
                send TextFeldDateiname

        end in
    end conditions

    when Aktion = TextDateiÖffnen or Aktion = Wechsel          --TextDatei zum aktuellen Bild laden
    in viewer "Bühne"
        TextDateiName = ("c:\diplom\program\anmerkun\"&(Dateiname of paintobject "zzz")&".rtf")
        Datei = fileExists(TextDateiName)
        if datei = 1 then
            openFile TextDateiName
            readFile TextDateiName to EOF
            CloseFile TextDateiName
        in viewer "TextFeld"
            put it into richtext of field "TextFeld"
            Dateiname of field "textFeld" = TextDateiName
        end in
    end if
    end if
    end in
    end conditions

end TextFeld

--Menühandler für Menüpunkte, die sich auf das TextFeld beziehen

to handle textexport
    send TextFeld TextExport
end textexport

to handle textimport
    send TextFeld TextImport
end textimport

to handle baselinesTextfield
    send TextFeld Grundlinien
end baselinesTextfield

to handle automatischSpeichern
    in viewer "TextFeld"
        if menuitemChecked(automatischSpeichern in menu Optionen) = true
            uncheck menuitem "automatischSpeichern" in menu "Optionen"
            Speichern of field "TextFeld" = false
        else
            check menuitem "automatischSpeichern" in menu "Optionen"
            Speichern of field "TextFeld" = true
        end if
    end in
end automatischSpeichern
```

Anhang C: Programmcode

```
to handle markAll
    in viewer "TextFeld"
        select text of field "TextFeld"
    end in
end markAll

to handle AnmerkungenÖffnen
    send TextFeld TextDateiÖffnen
end AnmerkungenÖffnen

to handle AnmerkungenSpeichernUnter
    send TextFeld TextDateiSpeichernAls
end AnmerkungenSpeichernUnter

to handle AnmerkungenSpeichern
    send TextFeld TextDateiSpeichern
end AnmerkungenSpeichern

to handle AnmerkungenSchließen
    send TextFeld TextDateiSpeichern
end AnmerkungenSchließen

--Funktionen -II-
-----------------------------------------------------------------
-----------------------------------------------------------------
to handle BenutzerViewerÖffnen
    BenutzerViewer = KommaRein(BenutzerBrowser of this book)
    step a from 1 to itemCount(BenutzerViewer)
        show viewer (item a of BenutzerViewer)
    end step
end BenutzerViewerÖffnen

to handle TextFeldDateiname
    in viewer "TextFeld"
        if Dateiname of field "TextFeld" = "" then
            in viewer "Bühne"
                Dateiname = Dateiname of paintobject "zzz"
            end in
            Dateiname of field "TextFeld" = Dateiname&".rtf"
        end if
        Dateiname = ("c:\diplom\program\anmerkun\"&(Dateiname of field "TextFeld"))
        hilfe = fileExists(Dateiname)
        if hilfe = 1 then
            OpenFile Dateiname
            writeFile richtext of field "TextFeld" to Dateiname
            CloseFile Dateiname
        else
            CreateFile Dateiname
            writeFile richtext of field "TextFeld" :o Dateiname
            CloseFile Dateiname
            SpaltenNamen = "UserID, ObjectsID, Dateiname"
```

C-35

```
            SpaltenWerte = (UserID of this book&", '"&(dateiname of field "TextFeld")&"', '"&Dateiname&"'")
            get insertSQL("insert into TextFelder ("&SpaltenNamen&") values ("&SpaltenWerte&")")

        end if
    end in
end TextFeldDateiname

to handle Sanduhr NullWert
    system SandUhrPosition

    if SandUhrPosition = "" then
        SandUhrPosition = 122
    end if

    if NullWert = null then
        if SandUhrPosition < 125
            SandUhrPosition = SandUhrPosition + 1
            sysCursor = cursor id SandUhrPosition
        else
            SandUhrPosition = 122
        end if
    else
        sysCursor = 1
    end if
end SandUhr

to get UmrechnungvonDatenbank Wert, Form
    conditions
        when form = Datum
            format date Wert as "dd.mm.y" from "seconds"

        when form = Zeit
            format time Wert as "hh24:min" from "seconds"
    end conditions

    return Wert
end UmrechnungvonDatenbank

to get KillPoint Bearbeitungstext
    step a from 1 to charCount(Bearbeitungstext)
        if char a of Bearbeitungstext = "." then
            clear char a of Bearbeitungstext
        end if
    end step
    return Bearbeitungstext
end KillPoint

to get KommaRein BearbeitungsText
    step a from 1 to charCount(Bearbeitungstext)
        if char a of Bearbeitungstext = "" then
            put "," into char a of Bearbeitungstext
        end if
```

```
        end step
        return Bearbeitungstext
end KommaRein
to handle Warnton Anzahl
        if BenutzerWarnton of this book = "ja"
                if BenutzerPfadWarnton of this book is not "Standardton" then
                        step a from 1 to ANzahl
                                get playSound (BenutzerPfadWarnton of this book)
                        end step
                else
                        beep Anzahl
                end if
        end if
end Warnton

to handle Systeminfo
        send aboutToolBook
end systeminfo

to handle Über
        if visible of viewer "Über" = true
                close viewer "Über"
        else
                show viewer "Über" as modal
        end if
end über

to handle BenutzerHintergrundFarbe Aktion
        in viewer "Abdeckung"
                conditions
                        when Aktion = laden
                                if BenutzerHintergrundfarbe of this book contains " " then
                                        Hintergrundfarbe = kommaRein(BenutzerHintergrundfarbe of this book)
                                        rgbFill of this background = Hintergrundfarbe
                                else
                                        importgraphic ("c:\diplom\program\hintergr\"&BenutzerHintergrundfarbe of this book&".bmp")
                                end if

                        when Aktion = lösen
                                if objects of this page contains "paintobject" then
                                        clear paintobject "hallo2"
                                end if
                        end conditions
        end in
end BenutzerHintergrundFarbe
```

```
--Hilfen
--Hypertexthilfe
to handle HypertextHilfe
        run "c:\diplom\program\hilfe.sbk"
```

end HypertextHilfe

Buch Judge.exe

```
--$$$$$$$$$$$$$$$$$$$$$$$$$$$$$$$$$$$$$$$$$$$$$$$$$$$$$$$$$$$$$$$$$$$$$$$$$$$$$$$$$$$$$$--
--******************************* Prototyp JUDGE.EXE *******************************--
--$$$$$$$$$$$$$$$$$$$$$$$$$$$$$$$$$$$$$$$$$$$$$$$$$$$$$$$$$$$$$$$$$$$$$$$$$$$$$$$$$$$$$--
--*************************** © by Martin Menzel, März 1996 ***********************--
--$$$$$$$$$$$$$$$$$$$$$$$$$$$$$$$$$$$$$$$$$$$$$$$$$$$$$$$$$$$$$$$$$$$$$$$$$$$$$$$$$$$$$--
--$$$$$$$$$$$$$$$$$$$$$$$$$$$$$$$$$$$$$$$$$$$$$$$$$$$$$$$$$$$$$$$$$$$$$$$$$$$$$$$$$$$$$--

to handle enterBook
    go page 3
    push "c:\diplom\program\database.sbk" onto sysBooks
    send datenbankVerbinden
end enterBook

to handle leaveBook
    send datenbankLösen
end leaveBook

to handle fenster_Einstellungen
    show viewer Einstellungen as modal
end fenster_Einstellungen

to handle anteileberechnen
    if visible of viewer "beurteilung" = false then
        show viewer "beurteilung"
    else
        close viewer "Beurteilung"
    end if
end anteileberechnen

to handle anteilberechnen
    system gesamt
    system Seitengröße

    Gesamt = 0

    in viewer id 0
        put objects of this page into Seiteninhalt
        Seitengröße = size of this background
        Feldanteile = ""
        Grafikanteile = ""
        GesamtObjekte = ""
        AnimationVideoAnteile = 0
        in viewer "beurteilung"
            AlteGröße = bounds of button "Fortschritt"
        end in
```

```
step a from 1 to itemCount(SeitenInhalt)
    conditions
        when item a of SeitenInhalt contains "field"
            put item a of SeitenInhalt&"," after Feldanteile
            put item a of SeitenInhalt&"," after GesamtObjekte

        when item a of SeitenInhalt contains "paintObject"
            put item a of SeitenInhalt&"," after Grafikanteile
            put item a of SeitenInhalt&"," after GesamtObjekte

        when item a of SeitenInhalt contains "drawObject"
            put item a of SeitenInhalt&"," after Grafikanteile
            put item a of SeitenInhalt&"," after GesamtObjekte

        when script of item a of SeitenInhalt contains "play"
            AnimationVideoAnteile = AnimationVideoAnteile + 1
    end conditions
end step

clear last char of feldanteile
clear last char of grafikanteile
clear last char of GesamtObjekte

step b from 1 to itemCount(GesamtObjekte)
    put size of item b of GesamtObjekte into ObjektGröße

    Objektanteil = (item 1 of ObjektGröße) * (item 2 of ObjektGröße)

    Gesamt = Gesamt + Objektanteil

end step

send Berechnung feldanteile, "Textfelder"
in viewer "beurteilung"
    bounds of button "Fortschritt" = altegröße
end in
send Berechnung grafikanteile, "Grafiken und Bilder"

in viewer "beurteilung"
    put AnimationVideoAnteile after text of field "VideoAnimationTon"
    bounds of button "Fortschritt" = altegröße
end in

send empfehlung
end in
end anteilberechnen
```

```
to handle berechnung objektgruppe, Bezeichnung
    system gesamt
    system Seitengröße

    Seitenanteil = 0
    step a from 1 to itemCount(objektgruppe)
        in viewer "beurteilung"
            put Bezeichnung into text of field "BerechneteObjekte"
            send fortschritt a, itemcount(objektgruppe)

            put size of item a of objektgruppe into Feldgröße

            anteilProzent = (((item 1 of feldgröße) * (item 2 of feldgröße)) * 100) div Gesamt

            Seitenanteil = Seitenanteil + anteilProzent

        end in
    end step

    in viewer "beurteilung"
        conditions
            when Bezeichnung = "Textfelder"
                put Seitenanteil after text of field "Textanteil"

            when Bezeichnung = "Grafiken und Bilder"
                put Seitenanteil after text of field "Grafikanteil"
        end conditions

        text of field "Informationsanteil" = (Gesamt * 100) div (item 1 of Seitengröße * item 2 of Seitengröße)

    end in

end berechnung

to handle empfehlung
    if Grafikanteil of this book = "" then
        Kriterium = GrafikanteilStandard of this book
    else
        Kriterium = Grafikanteil of this book
    end if

    in viewer "beurteilung"

        textprozent = text of field "textanteil"
        grafikprozent = text of field "grafikanteil"
        restprozent = text of field "VideoAnimationTon"

        textundgrafik = textprozent + grafikprozent

        conditions
```

```
            when grafikprozent = 0 and restprozent = 0
                checked of button "Textseite" = true

            when textundgrafik > 0 and grafikprozent < Kriterium and restprozent = 0
                checked of button "Textseite" = true

            when textundgrafik > 0 and grafikprozent > Kriterium and restprozent = 0
                checked of button "visuelleseite" = true

            when restprozent > 0
                checked of button "multimediaseite" = true
        end conditions

        end in
        beep 1
end empfehlung

to handle fortschritt b, Alleschritte
    in viewer "beurteilung"
        Anfang = item 1 of bounds of button "Fortschritt"
        Ende = 5000
        Ausdehnung = Ende - Anfang
        Schritt = Ausdehnung div Alleschritte

        Stellung = anfang + b * Schritt

        bounds of button "Fortschritt" = Anfang, item 2 of bounds of button "Fortschritt", Stellung, item 4 of bounds of button "Fortschritt"

    end in

end fortschritt

to handle nächsteSeite
    send next
end nächsteSeite

to handle vorherigeSeite
    send previous
end vorherigeSeite

to handle EinträgeSichern

    in viewer id 0
        ObjectID = ObjectID of this page
    end in

    --Eintragung in Relation AnalysierteObjekte
    in viewer "Beurteilung"
        Textanteil = text of field "Textanteil"
        Grafikanteil = text of field "Grafikanteil"
        Ton = 0
        AnimationVideo = text of field "VideoAnimationTon"
```

```
    Kurzbeschreibung = text of field "Kurzbeschreibung"
    Lernzeit = text of field "Lernzeit"

IF Kurzbeschreibung = "" or Lernzeit = "" then
    beep 1
    request "Bitte geben Sie in Kurzbeschreibung oder Lernzeit jeweils Werte ein!"
    break Einträgesichern
end if

SpaltenNamen = "ObjectID, Textanteil, Grafikanteil, Ton, AnimationVideo, Kurzbeschreibung, Lernzeit"
SpaltenWerte = ("'"&ObjectID&"'", "'"&Textanteil&"'", "'"&Grafikanteil&"'", "'"&Ton&"'", "'"&AnimationVideo&"'", "'"&Kurzbeschreibung&"'", "'"&Lernzeit&"'")

get insertSQL("insert into AnalysierteObjekte ("&SpaltenNamen&") values ("&SpaltenWerte&")")

--Eintragung in Relation AnalysierteObjekteLernaspekte

step a from 1 to itemCount(objects of group "Lernaspekte")
    if checked of item a of objects of group "Lernaspekte" = true then
        Lernaspekte = name of item a of objects of group "Lernaspekte"

        SpaltenNamen = ("ObjectID, Lernaspekte")
        SpaltenWerte = ("'"&ObjectID&"'", "'"&Lernaspekte&"'")

        get insertSQL("insert into AnalysierteObjekteLernaspekte ("&SpaltenNamen&") values ("&SpaltenWerte&")")
    end if
end step

--Eintragung in Relation AnalysierteObjekteLernintention

step a from 1 to itemCount(objects of group "Lernintention")
    if checked of item a of objects of group "Lernintention" = true then
        Lernintention = name of item a of objects of group "Lernintention"

        SpaltenNamen = ("ObjectID, Lernintention")
        SpaltenWerte = ("'"&ObjectID&"'", "'"&Lernintention&"'")

        get insertSQL("insert into AnalysierteObjekteLernintention ("&SpaltenNamen&") values ("&SpaltenWerte&")")
    end if
end step

end if

end in

end Einträgesichern

to handle über
    show viewer "über" as modal
```

Buch Database.sbk

```
--$$$$$$$$$$$$$$$$$$$$$$$$$$$$$$$$$$$$$$$$$$$$$$$$$$$$$$$$$$$$$$$$$$$$$$$$$$$$$$$$$$$$$$$$$$$$
--********************************** Datenbank-Systembuch ********************************
--******************************* © by Martin Menzel, März 1996 ***********************
--$$$$$$$$$$$$$$$$$$$$$$$$$$$$$$$$$$$$$$$$$$$$$$$$$$$$$$$$$$$$$$$$$$$$$$$$$$$$$$$$$$$$$$$$$$$$
-------------------------------------------------------------------------------------------

--Datenbank verbinden und lösen

to handle DatenbankLösen
    get dbClearConnection("Benutzerdatenbank")
    if dbErrorNumber() <> 0 then
        request "Fehler beim Lösen der Datenbankverbindung (dbClearConnection)!" &&\
        "Fehlerquelle:" && dbErrorNumber() && dbError()
    end if
end DatenbankLösen

-------------------------------------------------------------------------------------------

--handle Datenbankverbinden

to handle Datenbankverbinden
    get dbCreateConnection("Benutzerdatenbank","DSN=Benutzerdatenbank")
    if dbErrorNumber() <> 0 then
        request "Fehler beim Erstellen der Datenbankverbindung (dbCreateConnection)!" &&\
        "Fehlerquelle:" && dbErrorNumber() && dbError()
    end if
    get dbSetConnectionProperty("Benutzerdatenbank",navigationDirection,"any")
end Datenbankverbinden

-------------------------------------------------------------------------------------------
--universelle Funktionen
-------------------------------------------------------------------------------------------
--SQL-Select-Statements
-------------------------------------------------------------------------------------------

to get SelectSQL SQLText
    Statement = dbCreateStatement("Benutzerdatenbank",SQLText,null,null) --Rückgabewert ist ui, Auswertung der Spalten und Zeilen erfolgt jetzt
    Spalten = dbGetStatementProperty(Statement,"columns") --Itemliste der Spalten
    textline 1 of Ergebnismenge = Spalten
    Spaltenanzahl = itemCount(Spalten)
    Zeilenanzahl = dbGetStatementProperty(Statement,"recordCount")
        if Zeilenanzahl = null then
            request "Fehler beim Ermitteln der Anzahl der Datensätze (dbGetStatementProperty)!" &&\
            "Fehlerquelle:" && dbErrorNumber() && dbError()
        end if
    step a from 1 to Zeilenanzahl           --durchläuft die Zeilen
        get dbGoToRecord(Statement,a)        --geht zum jeweiligen datensatz
        Zeileninhalt = ""                    --leert den Zeileninhalt
        step b from 1 to Spaltenanzahl       --durchläuft die Spalten der Zeile a
            Zeileninhalt = dbGetColumnValue(Statement,item b of Spalten) --holt die Werte aus den Elemneten
```

```
          item b of Zeileninhalt = ZellenInhalt
        end step
        textline (a + 1) of Ergebnismenge = Zeileninhalt
      end step
    get dbClearStatement(Statement)
    return Ergebnismenge
end SelectSQL

--Abfragen der Anzahl der Datensätze einer Tabelle
to get Anzahldatensätze SQLText
    Statement = dbCreateStatement("Benutzerdatenbank",SQLText,null,null)--Rückgabewert ist ui, Auswertung der Spalten und Zeilen erfolgt jetzt
    Spalten = dbGetStatementProperty(Statement,"columns") --Itemliste der Spalten
    textline 1 of Ergebnismenge = Spalten
    Spaltenanzahl = itemCount(Spalten)
    Zeilenanzahl = dbGetStatementProperty(Statement,"recordCount")
    if Zeilenanzahl = null then
        request "Fehler beim Ermitteln der Anzahl der Datensätze (dbGetStatementProperty)!" &&\
            "Fehlerquelle:" && dbErrorNumber() && dbError()
    end if
    get dbClearStatement(Statement)
    return SpaltenAnzahl&","&ZeilenAnzahl
end Anzahldatensätze

--Prüfen, ob Pfadkombinationen vorhanden, Rückgabewert ist die Anzahl der gefundenen Zeilen; kann auch 0 sein
to get SelectSQLPfade SQLText
    Statement = dbCreateStatement("Benutzerdatenbank",SQLText,null,null)--Rückgabewert ist ui, Auswertung der Spalten und Zeilen erfolgt jetzt
    Zeilenanzahl = dbGetStatementProperty(Statement,"recordCount")
    get dbClearStatement(Statement)
    return Zeilenanzahl
end SelectSQLPfade

--SQL-Insert-Statement
to get InsertSQL InsertSQLText
    get dbExecuteSQL("BenutzerDatenBank", InsertSQLText)
    if dbError() <> null then
        request "Fehler beim Erstellen eines neuen Datensatzes (Insert-Statement)!" &&\
            "Fehlerquelle:" && dbErrornumber() && dbError()
    end if
    return dbErrorNumber()
end InsertSQL

--SQL-Update-Statement
to get UpdateSQL UpdateSQLText
    get dbExecuteSQL("BenutzerDatenBank", UpdateSQLText)
    if dbError() <> null then
        request "Fehler beim Datenbank-Update!" &&\
            "Fehlerquelle:" && dbErrornumber() && dbError()
```

```
      end if
      return dbErrorNumber()
end UpdateSQL

---SQL-Delete-Statement
-----------------------------------

to get deleteSQL DeleteSQLText
   get dbExeCuteSQL("BenutzerDatenBank", DeleteSQLText)
   if dbError() <> null then
      request "Fehler beim Erstellen eines neuen Datensatzes (Insert-Statement)!" &&\
         "Fehlerquelle:" && dberrornumber() && dbError()
   end if
   return dbErrorNumber()
end deleteSQL
```

Diplom.de

Wissensquellen gewinnbringend nutzen

Qualität, Praxisrelevanz und Aktualität zeichnen unsere Studien aus. Wir bieten Ihnen im Auftrag unserer Autorinnen und Autoren Wirtschaftsstudien und wissenschaftliche Abschlussarbeiten – Dissertationen, Diplomarbeiten, Magisterarbeiten, Staatsexamensarbeiten und Studienarbeiten zum Kauf. Sie wurden an deutschen Universitäten, Fachhochschulen, Akademien oder vergleichbaren Institutionen der Europäischen Union geschrieben. Der Notendurchschnitt liegt bei 1,5.

Wettbewerbsvorteile verschaffen – Vergleichen Sie den Preis unserer Studien mit den Honoraren externer Berater. Um dieses Wissen selbst zusammenzutragen, müssten Sie viel Zeit und Geld aufbringen.

http://www.diplom.de bietet Ihnen unser vollständiges Lieferprogramm mit mehreren tausend Studien im Internet. Neben dem Online-Katalog und der Online-Suchmaschine für Ihre Recherche steht Ihnen auch eine Online-Bestellfunktion zur Verfügung. Inhaltliche Zusammenfassungen und Inhaltsverzeichnisse zu jeder Studie sind im Internet einsehbar.

Individueller Service – Gerne senden wir Ihnen auch unseren Papierkatalog zu. Bitte fordern Sie Ihr individuelles Exemplar bei uns an. Für Fragen, Anregungen und individuelle Anfragen stehen wir Ihnen gerne zur Verfügung. Wir freuen uns auf eine gute Zusammenarbeit.

Ihr Team der Diplomarbeiten Agentur

Diplomica GmbH ————
Hermannstal 119k ————
22119 Hamburg ————

Fon: 040 / 655 99 20 ————
Fax: 040 / 655 99 222 ————

agentur@diplom.de ————
www.diplom.de ————

www.ingramcontent.com/pod-product-compliance
Lightning Source LLC
La Vergne TN
LVHW092333060326
832902LV00008B/613